문명전환과 불교의 응답

프라즈냐 총서
53

문명전환과
불교의 응답

| 코로나19 이후 사회의 재구조화를 관찰하다 |

이명호 저

운주사

이 저서는 2021년 대한민국 교육부와 한국연구재단의 지원을 받아 수행된 연구임.
(NRF-2021S1A5C2A02088321)

서문

이 책을 구성하는 여섯 편의 글은 2021년 한 해 동안 저자가 발표한 논문들이다. 2021년은 코로나19가 중국 후베이성 우한에서 발생하고 한국으로 전파되고 대유행이 시작된 이듬해이다.

2019년 12월 사람들은 중국에서 발생한 사건을 어떻게 이해해야 하는지를 궁금해하였다. 새로운 전염병이라는 주장도 있었고, 별거 아니라는, 그래서 유언비어라는 주장도 있었다. 하지만 시간이 얼마 지나지 않아 새로운 전염병이라는 사실이 확인되었고, 세계 각국은 중국발 항공기를 금지하였으며, 중국은 인구 천만이 넘는 메가시티 우한을 봉쇄하였다.

우리나라에서도 정치권을 중심으로 중국발 항공기를 금지해야 한다는, 그래서 중국인들이 한국에 들어오지 못하게 해야 한다는 주장이 있었다. 하지만 정부와 여당은 무역 의존도가 높은 경제구조를 고려할 때 이러한 조치는 국내경제에 부담만 가중시키고 교통수단이 다변화되고 복잡하게 연결된 현대사회에서 중국인들의 입국을 완벽하게 막을 수 없다는 이유로 이를 채택하지 않았다. 대신에 다른 나라들에서 시도하지 않은 강력한 방역조치를 도입하였다.

'K-방역'이라고 명명한 이 방역모델은 '검사(test) → 추적(trace) → 격리(contain)'로 이어진다. 이와 함께 '사회적 거리두기'라는 개념도 도입되어, 모임 참여자 숫자와 영업시간이 제한되었다. 대면 접촉보다는 비대면 기술을 활용한 생활이 시도되었다. 학교에서는 대면수업보다 비대면수업이, 기업에서는 재택근무가 새로운 일상이 되었다. 다른 나라에서 시행되었던 '봉쇄'는 없었다. 하지만 사회적 거리두기의 실시와 비대면 접촉의 전면화만으로도 우리의 일상생활은 크게 변화하였다. 서유럽 여러 나라에서 봉쇄 이후 도심에 야생동물들이 나타나고, 중국의 공장이 멈추자 한반도의 하늘이 맑아지는 경험도 하였다.

어떻게 전염되는지, 어떻게 발병하는지 알 수 없고, 치료 방법을 알 수 없는 생경한 전염병이 주는 공포가 사람들 사이에 퍼졌다. 그리고 새로운 전염병으로 인해 세상이 바뀔 것이라는 기대도 한편에서 조금씩 일기 시작하였다. 2020년 상반기는 큰 혼란과 작은 기대 속에서 그렇게 지나갔다.

그러나 2020년 후반기로 갈수록 사람들은 '세상과 사회의 변화'보다는 코로나19 이전의 일상으로 되돌아가기를 염원하였다. 2020년 12월에 접어들면서 백신 개발 관련 소식이 들리면서 일상 회복에 대한 기대감은 더욱 커졌다. 그런 와중에도 여전히 코로나19 확진자 규모는 증가하였다. 세계 각국도 봉쇄와 해제를 반복하였다.

'코로나19'라는 거대한 소용돌이 속에서 경험하고 있는 지금의 변화를 정리하고 이후의 변화를 전망해야 할 필요성을 느꼈다. 이미 몇십 년 전부터 '기후변화'로 인해 인류 생존이 위협받고 있다는 경고가 지속되고 있다는 사실을 고려하면 더욱 그렇다.

더욱이 IMF 외환위기와 그 이후 반복되는 경제위기 속에서 불평등과 양극화는 날이 갈수록 더욱 심해지고, 이로 인한 혐오와 배제, 차별에 의한 갈등이 광범위하게 퍼지고 있는 암울한 진단도 전망의 필요성을 더욱 가중시켰다. 특히 종교사회학자로서 종교의 역할에 대한 고민도 그 한편에 있었다. 이처럼 암울하고 엄중한 시기에 종교는 무엇을 해야 하는지, 더욱 솔직하게는 무엇을 할 수 있는지에 대해 질문을 하고 답을 찾고자 하는 답답함이 있었다.

나아가 한국사회에 전래한 지 1,700년이 지난 불교는 무엇을 할 수 있는지, 불교를 '종교'로서 신앙하고 그에 기초한 종교사회학을 연구하는 학자로서, 불교의 관점에서 답을 찾아야 한다고 생각했다.

신문과 방송에서 많은 이야기가 오고 가지만 차분하게 이 사건을 정리하고 이해하는 노력은 적었다. 사람들은 걱정하고 우려하고 한편으로는 기대하지만, 모두 언론보도에 의존하고 있을 뿐이었다. 달이 아닌 손가락만 보는 것 같았다.

그럼 나는 달을 보았는가?

'그렇다'라고 자신 있게 긍정하기 어렵다. 한 번도 경험하지 못한 것을 경험할 때, 바로 그 '무지無知함', 즉 '아는 것이 없다는 사실'에 사람들은 두려움을 느낀다. 그래서 전문가를 찾지만, 유사 이래 처음인 '사건'에서 사실 '전문가'는 존재하지 않는다. 앞서 존재했던 유사한 것을 찾아 그에 빗대어 설명할 뿐이다. 방송과 신문, 유튜브 등 다양한 매체에서 수많은 전문가들이 엄청난 말들을 쏟아내지만, 그 많은 말들의 유효기간은 불과 며칠 혹은 몇 시간에 불과하다. 코로나19 바이러스는 사람들의 인식 속도를 뛰어넘어 변이하고, 그 변이에 대응하기 위한 정부와 사회의 대응도 그만큼 변화한다.

　코로나19 팬데믹은 사회변화를 가속화하고 있으며, 다른 한편으로는 그 변화를 강제하고 있다. 변화의 방향도 여러 방향이며 유동적이다. 그런데 어떤 사람들, 어떤 사회는 그러한 변화를 거부하고 저항하고 있다. 물론 지금의 변화가 사회질서 혹은 사회구조의 전환으로 이어질지는 아무도 모른다.

　우리가 지금 관찰할 수 있는 현상의 변화와 사회를 이루고 있는 '구조'의 변화는 다르기 때문이다. 우리는 지금 혼돈의 시기를 버티고 있다는 것만이 사실이며, 우리가 관찰하는 사회변화를 이해하고 행동하는 '기준'을 기대한다. 하지만 그것조차 존재하지 않는다는 사실만을 확인할 뿐이다.

　이러한 사실들을 겸허하게 인정하고, 저자는 코로나19 이후 사회에서 관찰되는 변화를 어떻게 이해하는지를 종교, 특히 불교의 관점에서 정리하였다. 그리고 불교는 무엇을 할 수 있는지, 무엇을 해야 하는지에 답하였다. 이에 따라 2021년에 발표한 저자의 6편의 논문을 재구성하였다.

　제1부는 '문명전환기, 사회를 관찰하다'로 코로나19 팬데믹을 '전환'의 관점에서 이해하고 이러한 이해를 바탕으로 불교의 역할을 '공공불교'로 제안하였다. '제1장 문명전환기, 사회의 재구조화 가능성 탐색하기'에서는 현실사회에서 관찰되는 변화를 새로운 문명적 대안으로 논의되는 생태(생명평화)문명과 친화력이 높은 불교의 '연기론'에서 이해하려는 시도이다. 이를 위해 연기론에 기초한 사회이론을 제안하였다. '제2장 문명전환기, 사회적 삼재팔난의 시기 불교의 역할 찾기'는 산업문명에서 생명평화문명으로의 전환기를 불교적 관점에서 정

리하고, 이 시기에 필요한 불교의 역할을 '공공불교'로 제시하였다. 공공불교는 지역의 사찰이 지역사회의 다양한 영역과 상호작용하며 그 과정에서 다양한 집단/세력/개인들과 공존하고 협력하고 연대하는 불교이다.

제2부는 '문명전환기, 불교 응답하다'로 불교가 실천하거나 영향을 줄 수 있는 실질적인 역할을 정리하였다. '제3장 불교 승가를 통해 본 기본소득의 쟁점과 정책적 시사점'은 생명평화문명 사회에서의 핵심 제도로서 '기본소득'을 규정하고, 이러한 역할을 초기 승가공동체를 통해 확인하였다. '제4장 문명전환기, 불교 기반 인권의 필요성과 그 의미'에서는 문명전환기의 새로운 인권에 대해, 제4차 산업혁명으로 급속하게 변화하고 있는 산업구조 속에서 증가하고 있는 플랫폼 노동자들의 인권을 사례로 확인하였다. 이를 통해 문명전환기와 그 이후의 생태문명사회에서는 개체 중심의 인권이 아닌 관계 지향적인 인권이 요청된다는 사실을 확인하였다. '제5장 문명전환기, 한국사회 관계윤리 다시 생각하기'는 한국인들, 특히 젊은 세대들이 어려움을 겪고 있는 관계윤리가 새롭게 구성되어야 한다는 문제의식에서 쓰인 글이다. 새로운 사회에서의 새로운 관계윤리는 동양의 '중', 특히 불교의 '중도'에 입각해야 한다는 주장을 담고 있다.

'보론: 한국사회의 공정과 능력주의 담론 다시 보기'는 한국사회에서 몇 년 전부터 주요한 이슈로 논의되고 있는 공정과 능력주의를 사회정의의 관점에서 정리한 글이다. 이를 통해 공정과 능력주의 담론이 젊은 세대들의 기대 및 의도와는 다르게 '정의'에 부합하지 않는다는 점을 확인하였다.

앞에서 말했듯이, 이 책은 코로나19 팬데믹이 선언된 다음 해인 2021년 한 해 동안 쓰인 논문들을 재구성한 것이다. 원문에는 논문 발표 시점의 상황이 반영된 표현들이 다수 존재한다. 이를 현재 상황에 부합하도록 본문의 표현을 수정하려 노력하였다. 하지만 문맥과 내용에 따라 일부 수정하지 못한 표현들이 있을 수 있다. 이에 대한 양해를 구한다.

또한 이 책을 구성하는 6편의 글은 '문명전환'과 '불교'라는 주제와 독일의 사회학자 루만의 이론을 큰 틀에서 공유하고 있다. 이 때문에 일부 내용(표현)이 반복되기도 한다. 반복되는 내용은 되도록 삭제하려 했지만, 글을 흐름상 필요한 곳에서는 반복된 내용이더라도 삭제하지 않았다.

마지막으로 이 책이 출판되기 위해, 각 장의 글들이 처음에 실렸던 연구원과 학회의 허락이 있었음을 밝힌다. 흔쾌히 논문의 이용을 허락해 준 연구원과 학회 관계자들께 감사의 인사를 전한다. 각 글의 출처는 각 장의 첫 주에 밝혔다.

제 1 부

문명전환기, 사회를 관찰하다

Ⅰ. 문명전환기,
사회의 재구조화 가능성 탐색하기

– 연기적 사회이론에 근거하여[1]

2020년 3월 WHO의 팬데믹 선언을 즈음하여 대부분 국가에서 일상이 멈춰 섰고, 사람들은 이전과는 다른 일상을 경험하였다. 감염예방을 위한 방역조치로 인해 세계경제는 2020년 마이너스 성장하였다. 방역조치는 또한 민주주의와 거버넌스의 후퇴를 가져왔고, 국가의 역할과 개인의 사생활에 대한 새로운 물음을 제기하였다.

이러한 현상을 목도한 사람들은 세계가 코로나19 이전과 이후로 구분될 것이라 이야기하였다. 그리고 코로나19 이후 우리가 맞이할 세상을 '뉴노멀' 혹은 '포스트-코로나 시대'라고 명명하였다. 언론과 학계에서는 지금 우리가 살고 있는 전체사회(전체로서의 사회)가 지금

---

1 『한국학논집』 84, 계명대학교 한국학연구원, pp.171-198

과는 다른 구조로 변화할 것이라고 예측하였다.

하지만 저자는 이러한 전망과 예측에 의문을 제기한다. 코로나19에 의한 사회변화로 인해 전체사회 수준의 구조변동이 가능한지, 즉 기능체계 층위의 구조변동을 넘어선 사회변화가 가능한지를 탐색한다. 이를 위해 저자는 불교의 연기론에 기초하여 사회이론을 정립하였다. 현재의 코로나19를 일으킨 기후위기와 지속 불가능한 성장에 대한 성찰에 근거한 의도적인 선택이다. 또한 연기적 사회이론을 통해 사회를 더 잘 관찰할 수 있다는 개인적 판단에 기초한다.

연기적 사회이론의 관점에서 전체사회 수준의 구조변동은 특정한 사회체계에 의해 주도되지 않는다. 다양한 사회체계에서 발생한 교란이 오랜 기간 축적되고 현존 질서에 대한 성찰이 있을 때 전체사회 층위에서 구조변동의 계기가 되는 '창발성'이 발생할 가능성이 커진다. 코로나19 이전과 이후를 관찰하면, 재구조화를 촉진하는 요소와 재안정화를 촉진하는 요소를 모두 확인할 수 있다.

코로나19 이후의 미래는 아직 결정되지 않았다. 기후위기를 극복한 지속 가능한 사회로의 재구조화는 현존 사회질서에 대한 성찰에 기초한 의도적이고 지속적인 노력이 필요하다. 현재에는 그러한 노력이 특정한 영역에 제한되어 있다. 이 노력이 제한된 공간(영역)을 뛰어넘을 때 창발성이 발현될 가능성은 더욱 커질 것이다.

1. 들어가는 말

2019년 겨울 중국 후베이성 우한에서 시작된 코로나바이러스감염증
-19(이하 '코로나19')는 2020년 3월 들어 전 세계로 전파되었고, 확진자
와 사망자가 급속하게 증가하자 세계보건기구(WHO)는 3월 11일 코로
나19에 대하여 팬데믹(pandemic)을 선언했다. 팬데믹은 WHO의 전염
병 경보 단계 중 마지막 6단계로 감염병의 세계적 유행을 뜻한다.
2020년 말에 코로나19에 대한 치료제와 백신이 개발되었다.

2021년 2월 16일부터 국내에서도 백신 접종이 고위험군부터 시작되
었다. 코로나19 백신이 처음 시작되었을 때처럼 백신이 감염을 완벽하
게 막아줄 것이라 기대하지 않지만, 여전히 감염병으로부터 사람들을
보호할 수 있는 유효한 도구로 인식되며 현재(2022년 5월)도 백신
접종이 이루어지고 있다.

이로 인해 팬데믹은 여전히 유지되고 있지만, 코로나19도 다른
질병들처럼 토착화될 것이라는 기대, 즉 엔데믹(endemic)으로 이행될
것이라는 기대가 높아지고 있다. 실제 2022년 4월 18일부터 '사회적
거리두기'가 전면 해제되었다. 또한 5월 2일부터 실내에서의 마스크
착용은 유지하되 실외에서는 허용되었다(2022년 5월 현재 기준).

'바이러스성 호흡기 질환'이라는 특징 때문에 코로나19 감염을 예방
하는 최선의 방법은 개인 간 거리를 일정하게(최소 2m) 유지하고,
여러 사람이 모이는 곳에서 마스크를 착용하고, 모임의 인원수를
제한하는 것이었다. 이 때문에 코로나19 발생 초기에 감염이 급격하게
확산하였던 여러 국가에서는 '일상생활을 봉쇄'하는 방법을 선택하였

고, 일부 국가(중국)는 아직도 이 봉쇄조치를 유지하고 있다.

정도의 차이는 있지만, 코로나19로 인해 대다수 사람들은 달라진 일상을 경험하였고, 지금도 하고 있다. 비대면 접촉이 일상화되었고 온라인과 IT 기술에 의존한 사회 및 경제 활동이 일상을 구성하게 되었다. 특히 봉쇄로 인해 사람들이 사라진 거리에 나타난 야생동물과 맑아진 하늘은 사람들에게 어색함을 넘어 생경함을 주기도 하였다. 일부는 맑아진 하늘과 거리에 나타난 야생동물에 주목하면서 코로나19를 불러온 기후변화를 이제는 멈춰야 한다고 주장하였고, 일부는 온라인과 비대면에 주목하면서 코로나19로 인해 앞당겨진 새로운 일상에 적응해야 한다고 주장하였다. 또 다른 일부는 마스크 착용과 사회적 거리두기로 변화된 관계에서 비롯된 부정적 측면에 주목하면서 이전 일상으로의 회복을 지향하기도 한다.

이처럼 코로나19라는 신종전염병이 발병한 이후 사람들이 경험하고 있는 '일상'에 대한 태도는 다양하다. 연관되어 코로나19 발생 이전과 이후의 차이에 대한 해석도 다양하다. 코로나19 이전의 '일상'에 대한 입장은 ①전염병 종식(또는 집단면역 달성) 이후 예전의 일상으로 돌아가야 한다는 입장, ②종식되더라도 과거로 복귀하기 어렵거나 복귀하는 데 시간이 걸릴 것이므로 달라진 상황에 적응해야 한다는 입장, ③종식과는 상관없이 팬데믹 이후의 일상과는 질적으로 다른 일상을 만들어야 한다는 입장으로 구분할 수 있다(김선필, 2021: 219).

'예전의 일상으로 돌아가야 한다'는 입장에서 일상은 마스크를 착용하지 않고 거리두기가 없었던 '정상(normal)'으로 기억되는 일상이다. '이전과는 다른 일상(new normal)을 만들어야 한다'고 주장하는 사람들이 생각하는 '예전의 일상(old normal)'은 기후위기와 생태계 파괴를 불러온 일상이다. 이 삶의 방식에 의해 지구환경은 '지구한계'에 도달하였다. 마지막으로 과거 일상에 대한 평가와 무관하게 우리가 '적응해야 하는 일상(new normal)'도 있다.

일상에 대한 인식은 코로나19 이전/이후에 관한 생각과 밀접하게 연결되어 있다. 코로나19 이전의 일상보다 이후의 일상을 기대하거나 이전과는 다른 일상이 만들어져야 한다는 사람들은 코로나19 이전/이후의 차이를 강조하며 이후의 사회에 대해 전망하고 예측하기 바쁘다. 이들은 코로나19 대응 과정에서 발견된 낯선 것들, 맑아진 대기와 도심에 출연한 야생동물들, IT 기술을 활용한 비대면 생활에 주목한다. 이 입장들에는 코로나19 대응 과정에서 경험한 비대면 기술 등에 주목하여 이후의 사회를 전망하는 기술결정론적 입장과 기후와 환경, 생태계에 주목하고 코로나19 이전과는 다른 사회를 만들어야 한다는 생태주의적 견해와 당위론적 견해가 혼재되어 있다.

반대로 방역조치로 인한 생활의 불편함, 관계의 단절, 민주주의 작동오류, 사생활 통제와 추적 등에 주목하며 일상의 회복을 기대하는 사람들은 코로나19 이전/이후의 차이는 큰 의미가 없다. 코로나19라는 신종전염병에 대한 인류의 대처능력이 높아진다면 사람들은 다시 예전의 일상으로 되돌아가서 다시 정상생활을 할 수 있을 것이라 기대한다.

이처럼 코로나19 이전/이후에 대해서도 다양한 입장이 있다. 하지만 언론과 학계에서는 주로 이전과 이후의 차이에 주목하고 이를 통한 사회질서(혹은 사회구조)의 변화를 이야기한다. 일례로 코로나19 이전과 이후의 차이를 강조하는 '포스트-코로나'라는 명칭은 이미 일반화되었다. 하지만 사용하는 사람이나 맥락에 따라 단순히 연대기적 의미에서 문명사적 전환의 의미까지 그 범위는 굉장히 넓다.

차분하게 생각하면 코로나19 이후 실제로 사회변화가 이루어질 것인지에 대해서는 아직은 아무도 모른다. 예측과 전망일 뿐이다. 그럼에도 일부 언론과 학계에서는 단정적으로 이전/이후를 구분하며 전혀 다른 사회가 될 것이라고 진단한다. 코로나19가 전체사회의 진화를 추동하는 계기가 될 것이라고 '기대'한다. 이 기대와는 무관하게 사회혼란이 곧바로 사회변화, 즉 전체사회의 구조변동으로 이어지지는 않는다.

이 글은 코로나19로 인한 전체사회의 구조변동의 가능성을 불교의 연기론에 근거한 사회이론의 관점에서 탐색한다. 불교의 가치, 보다 구체적으로 연기론이 코로나19에 대한 성찰의 내용과 가장 친화력이 있다고 생각하기 때문이다. 같은 흐름에서 코로나19가 인류의 생태계 파괴와 기후위기[2], 성장 위주의 개발방식에서 비롯되었다는 성찰과 이에 기초한 생태환경의 건강성 및 회복력, 지속 가능한 성장이 불교와 가장 밀접하다는 평가도 확산하고 있다.[3]

---

2 현대의 기후위기(climate crisis), 혹은 기후변화(climate change)는 지구 온난화처럼 지구의 평균 기온이 점진적으로 상승함과 함께 전 지구적 기후 패턴이 급격하게 변화하는 현상을 통틀어 일컫는다.(위키백과)

3 코로나19를 경험한 인류가 직면한 현실과 그에 대한 성찰, 지향이란 주제는 '사회질서'와 '사회의 재구조화'라는 관점에서 반드시 거쳐야 하는 주제이다. 하지만 이 글은 현재 당연시되고 있는 '코로나19 이후의 사회'에 대해 검토하는 것이 목적이기 때문에 생략하였다.

　다음 이론적 논의에서는 불교의 연기론에 근거한 사회이론, 즉 '연기적 사회이론'을 간략하게 정리한다. 그 후 코로나19로 인한 사회체계들의 교란을 살펴보고, 마지막 장에서는 연기적 사회이론의 관점에서 코로나19로 인한 사회체계들의 교란이 전체사회의 구조변동으로 이어질 가능성이 있는지를 검토하였다.

2. 이론적 논의: 연기적 사회이론

연기적 사회이론[4]은 불교의 연기론緣起論에 기초한 사회이론이다. 초기불교 시대의 경전에서부터 등장한 연기론은 불교의 핵심교리이며, 붓다가 깨달은-발견한 '옛길'이다.[5] 연기론에 대한 대표적인 문구는 아래와 같다.

　이것이 있으면, 저것이 있게 된다.

---

4 유승무(2010)는 「연기체 사회학의 이론적 정초」라는 논문에서 불교의 연기법에 기초한 사회학적 패러다임을 '상즉상입의 사회학'이라고 정의하였다. 이 글에서는 '상즉상입의 사회학'을 '연기적 사회이론'으로 보다 심화된 사회이론으로 재구성하였다.

5 붓다는 자신이 세상에 존재하건 혹은 존재하지 않건 연기법은 세상에 머무른다고 하였다(『잡아함경』. 12권 296. 인연경). 다른 경에서 연기법을 자신이 만든 것이냐고 묻는 제자에게 붓다는 "연기법은 내가 만든 것도 아니요. 또한 다른 사람이 만든 것도 아니다. 그러므로 그것은 여래가 세상에 출현하시거나 세상에 출연하시지 않거나 법계에 항상 머물러 있다. 저 여래는 이 법을 스스로 깨닫고 등정각을 이룬 뒤에, 모든 중생을 위해 분별해 연설하고 드러내어 보이신다"라고 하였다(『잡아함경』. 12권 299. 연기법경).

이것이 나타나면, 저것이 나타난다.

이것이 없어지면, 저것이 없게 된다.

이것이 사라지면, 저것이 사라진다.

(『잡아합경』. 14권 358. 무명증경②)

이 문구는 모든 존재의 동시적인 상호의존성을 나타낸다. 연기론에 대한 해석들은 다양하다. 하지만 ①연기법은 모든 것이 인연에 따라 생겨나고 인연에 따라 소멸한다는 내용이며, ②연緣은 조건을 말하며, 기起는 일어나다·생겨나다는 뜻으로 조건으로 말미암아 생겨난다는 뜻을 가진 세계의 존재원리라는 점에는 대부분 동의한다. 이 글에서는 불교의 연기론을 사회이론으로 재해석·재구성한다. 연기론은 구성주의적 시각·총체론적 시각으로 사회를 이해하며, 전체사회를 이루는 하위체계들의 관계는 유동적이며 상대적이다.

1) 연기적 사회이론의 특성 ①: 구성주의

불교에서 세계는 인식 주체와 인식 대상이 만나는 곳, 곧 일체一切를 뜻한다. 이 일체는 곧 12처處에 포섭包攝된다. 인식 주체인 6근六根, 즉 안眼·이耳·비鼻·설舌·신身의 오관五官과 의근意根, 그리고 인식의 대상인 6경六境, 즉 색色·성聲·향香·미味·촉觸·법法을 합한 것이 12처이다. 모든 우주만물은 이 12처에 들어간다. 불교의 세계는 인식 주체를 중심으로 설정되어 있으며 현실적인 입장에서 인식되지 않는 것은 존재하지 않는 것으로 보고 있음을 확인할 수 있다. 따라서 인식 범위를 넘어선 초월적인 실재에 대한 형이상학을 부정한다(최종석, 1999: 229-231).

인간의 인식 범위로 포함된 일체는 인연에 따라 생겨났다가 인연이 다하면 소멸한다. 이를 연기라고 한다. 연緣은 조건이라는 뜻, 기起는 발생이라는 뜻으로 곧 연기는 '조건적 발생'을 의미한다.[6] 연기란 세계의 모든 것들은 수많은 조건(緣)들이 함께 결합하여 일어난다(起)는 '상호작용적 발생'을 의미한다. 연기론에서는 일체, 곧 세계의 모든 것은 이렇게 상호 의존하며 동시에 상호 영향을 주고받으며 성립하고 소멸한다. 사회에 존재하는 사물과 사건, 현상들도 무수히 많은 조건들이 상호 긴밀한 관계 속에서 개입하여 변화(생성과 소멸)한다.[7]

연기적 관점에서 전체사회와 사회를 이루는 수많은 구성요소들은 '조건적 발생'을 통해 구성되며, 상호의존적 관계를 맺고 있다. 즉 연기적 관점에서 사회는 구성된 것이며, 사회를 이루는 요소들도 마찬가지로 구성된 것이다. 같은 논리에서 사회와 사회를 구성하는 구성요소들은 실체로서 고정되어 존재하지 않는다. 불교의 용어를 빌리면, 법계에서는 모든 실체가 상호관계 속에서 연기적으로 존재하기 때문에 홀로 자신의 본성을 위해서 존재하는 것은 아무것도 없다. 사회에서 접하는 사회적인 것들의 실재는 외형적인 현상일 뿐 어떤 절대적인 실체(Absolute Reality)를 뜻하지 않는다(최종석, 1999:

---

6 '의존적 상호발생(dependent co-arising)', '의존적 상호생성(dependent co-origi-nation)', '조건에 의한 발생(conditioned genesis)' 등으로도 설명된다.

7 이러한 이유에서 연기하지 않은 채로, 즉 '조건적 발생'의 과정을 통하지 않고 존재하는 것 없다. 그리고 이렇게 실재하다고 믿는 것을 불교에서는 어리석음(無明)이라고 정의한다.

231-232). 연기적 사회이론에서 사물이나 현상은 고정불변의 실체로 간주하지 않는다. 우리가 알고 있는 사물이나 현상은 인식에 의해 구성된 실재이다.

2) 연기적 사회이론의 특성 ②: 총체론적 시각

연기적 사회이론에서 전체사회는 총체적 시각에서 이해된다. 총체론적 시각을 잘 보여주는 불교적 설명은 '장님 코끼리 만지기' 우화이다. 『열반경涅槃經』을 비롯하여 다양한 경전에서 소개되는 이 우화는 다음과 같다.

인도의 경면왕鏡面王은 어느 날 장님들에게 코끼리라는 동물의 생김새를 가르쳐주기 위해 궁궐로 모이게 했다. 그들이 모두 모이자, 신하에게 코끼리를 끌고 오게 하고는 그들에게 코끼리를 만져보게 하였다. 그리고 왕은 물었다. "코끼리가 어떻게 생겼는지 알겠느냐?" 코끼리 모습에 관한 질문에 다리를 만진 사람은 기둥 같다고 하고, 몸을 만진 사람은 벽 같다고 하고, 귀를 만진 사람은 큰 부채 같다고 하였다. 사물이나 사건, 현상을 관찰하는 것도 이와 같다. 자신이 직접 관찰(혹은 경험)해서 획득한 지식과 느낌으로 그것들을 인식한다. 그래서 모두 직접 만졌고 경험한 것이니 자신의 주장을 확신한다. 이 때문에 적당한 합의와 타협, 절충으로는 '코끼리'의 실제 모습에 이르지 못한다. 코끼리를 만져본 사람들은 코끼리의 아주 작은 부분만을 본 것이라는 사실을 인정하고 '코끼리의 실제 모습'을 상정하고 그들의 주장을 총체적인 시각에서 이해하려는 노력이 요구된다.[8]

이러한 노력은 아주 지난至難한 노력이 필요하다. 이는 생명체로서 코끼리는 다양한 층위에서 상호작용하는 네트워크로 이루어져 있듯이, 전체사회도 다양한 층위가 상호작용하기 때문이다. 생명체계를 이루는 네트워크를 보면, 작은 층위는 세포 내 분자 수준의 네트워크부터 크게는 개체 간의 먹이사슬 네트워크 등이 있다. 코끼리를 이해하기 위해서는 생명시스템을 이루는 여러 요소 사이의 상호작용 구조와 이들의 동역학적 특성을 이해해야 한다(조광현, 2010: 27).

전체사회도 코끼리처럼 여러 층위(차원)로 구성되어 있다. 전체사회 층위 아래에는 다양한 기능체계들로 구성된 체계 층위가 있으며, 하나의 기능체계도 또다시 하위에 여러 체계와 구성요소 층위로 이루어져 있다.[9] 연기적 관점은 체계 내부와 체계 외부의 모든 것을 연기적인 것으로 관찰하고 체계들 사이의 관계도 '연기'로 관찰할 것을 요구한다(유승무·박수호, 2020: 148). 연기적 사회이론의 관점에서 전체사회를 바라보는 우리의 시각은 (1) 개체 중심에서 층위(차원) 중심으로, (2) 임의의 한 차원에 제한된 관계에서 층위 사이의 관계를 포함할 수 있도록 확장되어야 한다(박소정, 1999: 340). 총체적 시각을 통해 중층적으로 구성된 층위 간에 나타나는 상호관계를 설명할 수 있다.

기존 사회학의 관점들은 사회의 체계들과 구성요소들을 하나하나

---

8 이러한 총체론적 시작은 시스템 생물학에서 생명을 이해하는 관점과 유사하다. 시스템 생물학에서는 '생명'을 수많은 구성요소들이 끊임없이 유기적으로 상호작용하고 있는 생명시스템으로 이해하고(김도한·김진옥·신성영, 2016), 이를 위해 기존 생물학의 환원주의적인 방식이 아닌 총체론적 방식으로 생명을 연구한다. 저자는 이러한 시스템 생물학의 생명 이해는 사회에 대한 불교의 이해와 유사하다고 생각하여 이 절을 구상하였다.

9 이는 불교의 용어로 중중무진법계연기重重無盡法界緣起라고 할 수 있다.

분석해서 그 개별적인 기능을 이해하고 이를 바탕으로 전체사회의 체계를 이해하려는 경향이 있다. 하지만 이러한 단편적 부분적 이해, 즉 환원주의적 방식으로는 전체사회를 이해하기 어렵다.

전체사회는 연기적 결과물, 즉 연기체緣起體[10]라는 점에서 하나의 과정이며 복잡한 체계들의 그물망이다. 전체사회는 하위체계들과 수많은 구성요소들이 끊임없이 상호작용하고 있는 체계이다. 또한 하위체계들은 상호간의 체계-환경의 관계를 이루며 다양한 실행을 하며 서로에게 개입한다. 연기적 관점에서 하나의 현상을 보기 위해서는 거기에 연관된 수많은 조건들을 함께 보아야 한다. 이러한 이유에서 전체사회를 총체론(holism)적 시각에서 분석해야 한다. 하위체계를 이루는 구성요소들과 하위체계, 하위체계들 사이의 상호작용을 서로 다른 층위에서 다양한 관점에서 접근해야 한다.

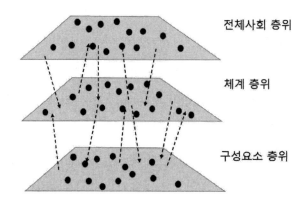

전체사회 층위

체계 층위

구성요소 층위

〈그림 1〉 연기적 사회에서의 전체사회

___

10 유승무는 엘리아스의 '결합체(configuration)' 개념을 활용하여 '연기체' 개념을 도입하였다. 연기체는 '두 개 이상의 요인들이 결합하여 형성/발생하는 것'으로 사회적 관계, 사회조직 및 사회집단, 사회집단 등이 대표적이다(유승무, 2010:

3) 연기적 사회이론의 특성 ③: 유동적-상대적 관계성

연기적 사회이론의 관점에서 전체사회는 다양한 하위체계들과 구성요소들로 이루어져 있으며, 이것들은 '조건'에 의해 서로서로 관계 맺고 있다. 즉 세상에 존재하는 모든 것은 서로 관계를 맺고 상호 영향을 주고받는 과정에 있으며, 그 관계는 조건에 규정된다. 이때의 조건도 고정되어 있지 않고 상황과 여건에 따라 변화한다.

연기론에서는 이를 주인과 동반자의 관계로 설명한다. 화엄십현연기의 열 번째 주반원명구덕문主伴圓明具德門은 모든 우주만물은 서로 주主와 반伴이 되어 원만하게 덕을 갖추고 있다는 뜻이다. 모든 사물과 사태들은 주와 반, 주개념과 종개념, 중심성과 변방성을 동시에 갖추고 있으며, 조건과 상황에 따라 주가 되기도 하며 반이 되기도 한다. 주와 반의 관계는 유동적이며 상대적이다(조윤호, 2001). 어떤 그물코를 들더라도 나머지 그물이 뒤따라 올라오는 것과 같다.

모든 존재(사물/사건/현상)는 주체(主)인 동시에 조건인 환경(伴)이 된다. 지금 이 순간에는 주체이지만, 다음 순간에는 환경이 되기도 한다. 이 '주반원명구덕문'은 루만의 '체계-환경' 관계로 해석이 가능하다. 구별이 그어져서 체계와 환경으로 구별되면, 기능체계들은 체계-주主와 환경-반伴으로 나누어진다. 이때 주가 되는 체계는 자신의 기능을 자기 준거적으로 작동하여 존재하며, 다른 기능체계들은 환경으로 존재하며 체계와 관계를 맺는다. 구슬 간의 비침은 은유로서 좋은 설명 수단이 된다. 구슬은 서로서로를 비춘다. 체계의 작동은

207-209).

자기 준거적으로 자기 생산한다. 결코 타자 준거적으로 생산하지 않는다. 환경을 이루는 수많은 환경의 구슬들은 주가 되는 구슬에 비치게 될 뿐이다. 그럼에도 체계와 환경 사이에 상호작용은 이루어진다. 구슬 간의 비침은 기능체계들 사이의 개입과 실행, 교란으로 이어지기도 한다. 즉 관계에서 상호의존과 상호침투가 발생한다. 하위체계들은 서로에게 의존하는 관계이며 때에 따라서는 체계의 고유한 합리성과 프로그램에도 영향을 주고받는다.

4) 연기적 사회이론에서의 사회 재구조화

연기적 사회이론에서 전체사회는 다양한 층위와 체계들, 구성요소들로 이루어져 있다. 이 글에서 관심을 가지고 있는 코로나19 재난에 의해 발생한 기능체계 층위에서의 교란이 더욱 높은 층위에서의 구조 변동으로 이어지기 위해서는 체계 층위와 전체사회의 층위 사이에 상호관계가 존재해야 한다. 앞서 우리는 연기적 사회이론에서 전체사회를 이루고 있는 구성요소들-체계들-전체사회들이 상호 유기적으로 연결되어 관계를 맺고 있다고 주장하였다. 이러한 측면에서 연기적 사회이론에서 체계 층위에서의 교란은 전체사회 수준에서의 사회변동으로 이어질 개연성을 열어놓고 있다.

또한 연기적 사회이론에서 전체사회를 이루는 다양한 영역/체계들 사이에 절대적 중심이나 핵심이 존재하지 않는다는 점은 '사회의 재구조화' 논제에서 중요한 의미를 지니고 있다. 정치, 경제, 법, 종교 등 그 어떤 기능체계들도 사회의 핵심이 아니며, 변동이나 진화를 주도하는 영역은 존재하기 어렵다.[11] 바로 이러한 이유에서 사회체계의 교란은 전체사회의 구조변동으로 바로 이어지지 않는다. 서로 연결되어 상호작용하는 사회영역들의 교란/혼란은 '과잉'되어 일어나기도 하여 일부의 과잉 해석을 불러오기도 한다. 하지만 체계들에서의 교란은 사회질서 유지에 부정적인 역작용들을 사회에 분산시키고 상호작용을 통해 개별 영역들의 변화를 배분한다(노진철, 2020: 175). 즉 전체사회의 구조변동은 기능체계들의 교란만으로는 가능하지 않다.

사회의 재구조화, 특히 전체사회의 수준에서 구조변동이 진행되기 위해서는 하위 층위에 없었던 새로운 속성이나 특성이 상위 특성에서 새롭게 나타나는 현상, 즉 창발성(emergent property)이 발현되어야 한다.[12] 이러한 맥락에서 이 연구의 질문은 '코로나19의 대응 과정에서

---

11 루만도 사회발전을 주도하는 특정한 사회체계를 인정하지 않는다. 그의 사회체계 이론에서 체계들은 체계들과 그들의 환경들 사이에서 동시에 작동하는 복잡한 공진화 과정 속에 복잡하게 관련되어 있어서 그 어떤 사회적 체계들도 사회발전을 통제할 수 없다고 주장하였다(Hans-George Moeller, 2011: 7-8).

12 창발성은 체계를 구성하는 요소들이 개별적으로 존재할 때는 나타나지 않는다. 이것들이 하나의 체계를 유기적으로 구성할 때 발생한다. 창발성은 시스템 생물학의 핵심 개념으로 생명현상은 이 창발성이 기인한 것으로 이해된다. 일례로 개미들은 개별적으로 행동할 때는 매우 단순하게 움직인다. 하지만 개미들이 점차 모이게 되고 일정한 규모를 넘어서면 개미들은 사회구조를 형성하고 독특하고 지능적인 협동작업을 하게 된다. 인간의 두뇌활동도 창발성의 좋은 예이다. 복잡한 인지와 사고 작용을 담당하는 뇌는 뉴런이라는 단위세포들로 이루어져 있다. 이들 뉴런은 개개의 수준에서 보면 시냅스라는 연결 부위를 통해 다른 뉴런들과 전기신호를 주고받는 단순한 기능을 수행한다고 볼 수 있다. 그러나 수천억 개의 뉴런이 유기적이며 복잡한 방식으로 연결되어 시스템

발생한 사회체계들의 교란이 전체사회에서 창발성을 발현시킬 수 있는가?'라는 질문이기도 하다.

체계 층위에서의 교란이 전체사회 층위에서의 창발성 발현으로 이어지기 위해서는 다음과 같은 일정한 조건이 형성되어야 한다. 첫째는 사회의 각 하위체계들의 교란이 이전의 상태로 탄력적으로 회복되지 않고 반복적으로 지속적으로 발생해야 하고, 둘째는 현재 사회구조에서 교란을 일으킨 모순에 대한 성찰이 이루어져야 한다. 만약 후자처럼 재난에 의한 사회적 체계들의 교란이 전체사회의 재구조화로 이어지기 위해서는 현존 사회질서의 한계에 대한 성찰이 전제되어야 하며, 이를 위해서는 이전/이후의 차이를 통해 재난의 원인과 결과, 그 후속 결과들이 논의되어야 한다.

3. 코로나19 이후의 사회적 체계 관찰

코로나19 팬데믹 대응 과정에서 발생한 사회영역들에서 발생하는 교란, 즉 상호 영향과 효과들은 과거의 감염병 재난처럼 전염병 종식(혹은 집단면역 달성) 이후 이전의 사회질서로 되돌아갈 수도 있고(재안정화), 새로운 사회구조로 변동될 수도 있다(재구조화). 이 장에서는 사회의 재구조화를 촉진하는 요소와 반대로 재안정화를 촉진하는 요소를 검토하였다.

을 구성하기 시작하면 현대 과학으로도 그 비밀을 여전히 이해하기 어려운 '인간의 사고 작용'이 나타나게 된다(남홍길, 2010: 255).

1) 코로나19 감염병에 의한 재난

의학의 발달, 특히 예방의학의 중요성이 높아지고 공공보건이 확립되면서 감염병이 더 이상 인류에게 큰 위협이 되지 않는 것으로 인식되던 시기도 있었다. 하지만 1980년대부터 유행성 감염병의 종류가 다양해지고 발생주기도 짧아지고 전파력도 높아지고 있다.[13] 이러한 경향은 이번 코로나19 팬데믹 상황에서도 지적되었듯이, 생태계 파괴와 기후위기, 성장 위주의 개발방식, 그리고 세계화와 깊이 연관되어 있다. 성장 위주의 개발방식으로 숲과 습지가 파괴되어 인간과 야생동물의 접촉이 증가하여 포유류·조류 등에서 인간에게 전이되는 세균과 바이러스가 많아졌다. 또한 국가 간 이동이 자유롭고 빈번하고 규모도 커져서, 특정 지역에서 발병한 감염병은 다양한 교통수단을 통해 빠르게 지구적으로 확산하였다. 세계화는 감염 순서에 차이는 있지만,

---

13 1980년 이후의 감염병 범유행으로는 아프리카·유럽·미국·러시아·아시아(1981~현재)의 AIDS, 유럽·북미·러시아·중국·일본(1982~현재)의 라임병, 러시아(1992~1994)의 디프테리아, 미국(1993·1999)·일본(1996)·캐나다(2000)의 대장균식중독, 인도(1994)의 페스트, 영국(1994~2004)의 광우병, 남미의 콜레라(1995)·황열병(1995), 서아프리카의 뇌막염(1995)·황열병(1995), 콩고(1995·2002)·가봉(2002)·우간다(2000~2001)·기니(2013)·라이베리아·시에라리온·기니(2014)의 에볼라바이러스, 루마니아(1996)·미국(1999~2004)의 웨스트나일바이러스, 콩고(1999)의 마부르크바이러스, 네덜란드(1999)·일본(2002)의 레지오넬라병, 사우디아라비아·예멘(2001~2002)의 리프트밸리열, 케냐(2002)의 말라리아, 북미·아시아(2003)의 중증급성호흡기증후군(SARS), 유럽·미국·멕시코·브라질·아시아(2009)의 신종 플루, 사우디아라비아(2012~2014)·한국(2015)의 중동호흡기증후군(MERS) 등이 있다(WHO, COVID-19 Strategy Update. Geneva: Switzerland, 2020; 노진철, 2020: 4-5에서 재인용).

언젠가는 모든 국가/사회는 감염될 수밖에 없다는 현실을 보여주었다. 국민국가 단위의 완벽한 종식도 어렵다는 점을 보여주었다.

신종감염병은 발생과 예방, 치료 과정에서 불확실성이 이어진다는 '위기' 상황에서 재난으로 발전한다. 감염병 관련 정보는 불확실하고 불충분하다. 따라서 감염확산의 통제는 불가능해지고 감염에 대한 공포는 개인을 넘어 사회적 수준으로 이어진다. 다른 질병과 다르게 감염병은 대상을 가리지 않고 무차별적으로 구성원을 감염시킨다. 눈에 보이지 않는 바이러스, 잠복기, 무증상 감염이라는 알기 어려운 위험요인들로 인해 감염병 예방과 발병과정을 온전히 관리할 수 없다.

이러한 측면에서 감염병에 의한 재난은 완전히 관리할 수 없는 위험이다. 감염병이 유행할 때마다 각국 정부는 초기에 감염을 예방하고 확산을 억제하기 위해 감염원과 감염경로를 차단하는 봉쇄, 이동금지, 격리 등의 억제조치를 시행한다(노진철, 2020: 128). 감염병에 대한 방역조치들은 현실적으로 사생활과 경제생활을 통제하거나 제한하며, 경기침체를 야기한다. 이러한 이유에서 대다수 국가는 방역조치의 전략 수립과 시행에 많은 고심을 거듭하고, 여기에서 비롯되는 혼란도 존재한다.

2) 코로나19 팬데믹 상황에서 사회의 재구조화 촉진 요소

신종감염병은 질병 발견 초기에는 관련된 치료법과 예방법이 존재하지 않는다. 치료제와 백신이 개발되기 전까지는 치료 불가능성이 지배한다. 발견 초기의 신종전염병처럼 치료가 불가능한 질병은 질병 자체의 사망률, 치료의 복잡성, 치료 과정의 위험과 관계없이 치료 가능한 질병과 다르게 사회 또는 다른 영역에 더 의존할 수밖에 없다. 치료 불가능한 질병의 경우는 사람들의 삶은 치료 가능한 질병과는 다른 방식으로 영향을 받는다(노진철, 2020: 141). 추적과 조사, 격리 등이 바로 그것이다. 이로 인해 후속 결과는 사회의 다양한 영역에 기대하지 못한 영향을 끼친다. 사회의 구조변동을 이야기할 만큼, 코로나19 발생 초기에 우리가 경험한 재난은 엄청난 충격이었다. 이를 통해 사람들은 사회의 각 영역이 서로 연결되어 영향을 주고받는 총체적 관계/구조임을 새삼스레 확인하였고, 당연한 것으로 여겼던 일상이 구성된 것이라 사실도 확인하였다. 코로나19 재난 발생 초기에 경험한 집단감염과 치료 불가능성에 대한 공포, 생소한 방역 조치들(거리두기 와 시설 폐쇄 등)로 새로 구성된 일상은 이전에는 경험하지 못했던 일상이었다. 그리고 사회의 중심이 정치와 경제처럼 특정한 기능체계 로 고정된 것도 아니라는 사실도 깨달았다. 감염예방을 위한 방역조치 가 정치와 경제 등 다양한 사회영역에 개입하였다.

방역조치로 인한 정치영역의 교란은 선진국이라고 불렸던 미국과 서유럽 각국이 코로나19 초기대응에 실패하고 혼란을 겪으면서 가중 되었다. 코로나19 팬데믹 초기에 전염병 차단과 방역조치 실패, 그리고 그에 따른 혼란을 수습하는 과정에서 서구 각국은 계몽주의 이래 추구해온 근대의 가치들을 스스로 훼손하였다. 코로나19가 발생하고 확산하는 과정에서 초국가적 거버넌스를 위한 UN과 WHO 그리고 EU까지 다자간 협의체들은 아무런 역할을 하지 못했다.[14] 전염병

---

14 바이러스 확산을 억제하기 위해 프랑스, 독일, 이탈리아 등의 유럽 국가는 셍겐 조약(Schengen Agreement)에도 불구하고 국경을 폐쇄하였다.

확산이라는 지구적 위협 사태에서 다자간 협의체들은 의사결정의 지체, 방역 실패의 책임을 전가하는 수단으로 전락하였다. 이와 반대로 대부분 유럽 국가들은 시민의 기본권을 일부 제한하는 봉쇄조치를 단행하였고, 일부 국가에서는 봉쇄조치의 도입과 유지를 위해 권위주의적 통치 행태를 보이기도 하였다.

유럽 각국을 포함한 많은 나라들이 코로나19 확진자 수 및 증가 속도, 의료여건 등을 고려하여 국경폐쇄 및 입국제한, 휴교, 외출제한, 사업장 폐쇄와 같은 봉쇄조치를 시행하였다. 코로나19 팬데믹 초기인 2020년 4월에는 전 세계 인구의 93%(약 72억 명)가 외국인을 상대로 국경을 부분 또는 전부 봉쇄한 국가에 거주하였다.[15]

봉쇄조치는 시민의 자유와 기본권에 대한 일정한 제약과 국가 공권력의 역할 확대를 가져온다. 이에 유엔은 성명을 발표하여 긴급조치의 적용은 '당면한 위험에 비례하는 정도로, 불가피한 경우에 머물러야 하며, 차별을 수반하면 안 된다'라고 지적하였다.[16] 하지만 많은 국가에서 코로나19 대응을 정치적 목적에서 활용한다는 비판이 있었다. 특히 민주주의 수준이 하락하는 경로에 있던 많은 국가들이 코로나19에 대한 대처를 핑계로 민주적 기본권을 침해하는 경우가 많다는

---

15 Pew Research Center, "More than nine-in-ten people worldwide live in countries with travel restrictions amid COVID-19", 2020(www.pewresearch.org/fact-tank/2020/04/01/more-than-nine-in-ten-people-worldwide-live-in-countries-with-travel-restrictions-amid-covid-19; 검색일 2021.06.10.).

16 United Nations, "COVID-19: States should not abuse emergency measures to suppress human rights." 2020(www.ohchr.org).

지적이 제기되었다. 국제비영리법률센터(International Center for Not-for-profit Law, ICNL)의 「코로나19와 시민 자유 추적조사」에 따르면, 2020년 11월 30일 현재 긴급조치가 발효된 국가는 95개국, 표현의 자유를 제약하는 조치를 취한 국가는 47개, 집회의 자유를 제약하는 국가는 128개국, 프라이버시에 영향을 미치는 조치는 50개국에서 도입하고 있다.[17]

경제체계에서의 혼란도 매우 컸다. 코로나19 감염확산을 방지하기 위한 다양한 방역조치들은 코로나19 그 자체보다 더욱 직접적으로 경제에 충격을 주었다. 봉쇄조치로 인한 혼란이 상징적이다. 봉쇄조치로 인한 경제 충격의 크기는 봉쇄의 강도 및 기간에 따라 영향을 받는데, OECD는 강력한 봉쇄조치가 내려질 경우 1개월마다 GDP성장율이 2%p 낮아질 것으로 전망하였다.[18] 이에 IMF는 코로나19 사태로 인해 대공황 이후 최악의 경제 상황이 전개될 수 있다고 우려하였다.

그럼에도 초기에는 감염확산이 더 큰 위기를 가져올 수 있다는 공포로 인해 봉쇄조치는 정당화되었다. 감염확산을 억제하지 못하면, 공공의료가 붕괴하고 공공의료의 붕괴는 사회적 삶은 위축시키고 사회혼란은 장기화될 것이라는 집단공포가 만연하였다. 하지만 봉쇄조치가 오래 지속되면서 자유로운 이동과 생계에 대한 시민들의 불만이 증가하고, 경제침체 등에 대한 우려가 높아지면서 각국은 완화전략으로의 전환을 고민하였다. 실제로 일부 국가는 완화전략으로 전환하

---

17 ICNL, "Covid-19 Civic Freedom Tracker," 2021(www.icnl.org).

18 OECD, "Evaluating the initial impact of COVID-19 containment measures on economic activity(updated 26/03/2020)," 2020(www.oecd.org).

였다. 코로나19 재난이 장기화되면서 각국은 재난 이후를 경기침체 등을 이유로 각종 지원정책을 집행하였고 경기부양책을 시행하였다.

이러한 경기부양책은 정부 재정에 직접적인 영향을 미치는 재정지원과 세금감면, 그리고 국책은행을 통한 대출 및 지급 보증 등과 같은 유동성 지원의 방식으로 이루어지고 있으며, 그 규모는 2009년 글로벌 금융위기 당시의 대응을 크게 상회하는 수준인 것으로 알려져 있다. 주요국들이 위와 같이 전례 없는 규모의 경기부양책을 시행하는 이유는 코로나19로 인한 재난의 정도가 막대하고 예측하기 어렵기 때문이다(김준헌·김도희, 2020: 3).

앞서 언급한 정치영역과 경제영역에서의 교란 외에도 다양한 영역에서 교란이 발생하였다. 교육영역에서는 비대면을 활용한 학습은 학생들의 학습능력을 약화시키고 사회성 발달 등에서 영향을 준 것으로 평가되고 있다. 사회문화적 영역에서는 아시아인에 대한 이방인 혐오증(Xenophobia)이 빈번히 표출되는 등 사회에 내재되었던 갈등구조를 증폭시키고 구체적인 행동으로 표출시키는 계기가 되었다.

결과적으로 코로나19 감염병에 의한 재난의 장기화로 인해 거의 모든 나라에서 방역조치 강화로 인한 생계와 일상의 혼란, 공공안전을 대가로 한 감시·통제 강화, 자영업자·소상공인의 폐업·도산, 대량실업과 고용감소, 이동제한, 집회금지, 확진자의 동선 공개 및 개인정보 노출 등의 기본권 침해, 교육의 질 저하라는 현상을 경험하였다(노진절, 2020: 154). 이러한 사회적 경험에 대한 부정적 반향인 '항의시위' 등으로 구체화되었다.

반대로 긍정적 반향으로서 산업문명을 넘어선 대안문명과 생태환경에 관한 관심이 그 어느 때보다 높아졌다. 현존 사회질서에 대한 성찰을 전제하고 있는 대안문명과 생태담론들이 활발해지고 있으며 이 담론들은 전체사회의 수준에서 혁신적이고 총체적인 변화를 추구한다.

3) 코로나19 팬데믹 상황에서 사회의 재안정화 촉진 요소

2019년 12월에 시작된 코로나19는 여전히 진행 중이다. 감염 예방을 위한 방역조치들은 여전히 시행 중이며, 그에 따라 발생한 기능체계들의 교란도 지속되고 있다. 하지만 기능체계들의 교란은 더 이상 생경한 그 무엇이 아니다. 사람들은 다양한 기능체계에서 일어난 교란과 변동에 적응해 가고 있다.

생활의 불편함과 어색함에도 익숙해져 가고 있으며 익숙해진 만큼 역설적으로 일상 복귀에 대한 희망과 열의도 커지고 있다. 여행 등 몇몇 요소를 제외하면 일상의 구성은 코로나19 이전과 유사하다. 코로나19 이전의 일상 회복을 향한 '의지'가 전염병 감염 공포를 넘어서고 있다는 언론보도들도 있다. 델타 변이 바이러스와 오미크론 변이 바이러스 등의 영향으로 한동안 확진자가 폭증했음에도, 사람들의 활동량과 이동이 줄지 않았다. 언론과 전문가들은 그 이유로 '방역피로감'을 거론하였다. 이처럼 사회영역 층위에서 발생한 교란들에 이전 상태로 되돌아가려는 강한 힘들이 작용하고 있다. 최근의 '위드 코로나 (with covid-19)'가 그 상징적 예이다.

위드 코로나는 코로나19의 종식이 사실상 불가능하다는 것을 받아들이고, 확진자 수보다는 중증환자 수와 치명률을 관리하는 새로운 방역체계를 뜻한다. 하지만 이전에도 코로나바이러스는 인류와 함께 존재하였다는 점을 고려하면, 코로나19와의 공존은 특별한 그 무엇이 아니다. 관건은 코로나19와의 공존이 '생태환경'과의 관련성보다는 오직 시민들의 피로감 누적과 경기침체에 따른 경제회복이라는 측면에서만 추구된다는 점이다. 위드 코로나 논의에 코로나19 발병 원인에 대한 성찰을 찾기 어렵다.

전체사회에서 창발성이 발현되기 위해서는 교란/변동이 발생한 기존 사회질서(조건과 환경)에 대한 성찰이 요구된다. 코로나19라는 신종전염병에 의해 재난이 발생했음에 주목하고, 신종전염병이 발생한 원인과 이전/이후의 차이를 성찰하는 노력이 필요하다. 코로나19 이전/이후의 차이를 주의 깊게 관찰하고 재난의 원인과 결과, 그 후속 결과들이 성찰되어야 한다. 하지만 코로나19의 원인으로 분석되는 기후위기와 생태계 파괴, 지속 불가능한 성장에 대한 성찰과 반성이 효과적으로 이루어지고 있는지는 의문이다.

코로나19는 기후위기에서 비롯되었고, 기후위기는 이미 오래전부터 경고되었다. 하지만 코로나19 팬데믹 상황에서도 이를 실질적 삶의 위기로 받아들이고 위기 극복을 위해 노력하는 사람들은 그리 많지 않다. 방역조치로 인해 늘어난 비대면 활동(특히 온라인쇼핑)의 증가로 1회용품의 소비는 급속하게 증가하였다. 위드 코로나(혹은 엔데믹) 전환 이후에도 온라인과 비대면을 활용한 삶의 방식을 유지하려는 사람들은 증가할 것으로 예측되고 있다. 코로나19 발생 초기 기후위기와 생태계, 지속 가능성에 대한 사람들의 관심은 증가하였지만, 삶의 방식에 대한 성찰로 이어지지는 못하고 있다.

아울러 현재 코로나19에 의해 촉발된 변화라고 이야기되는 주요 변화, IT 기술을 활용한 비대면 접촉과 온라인 활동, 정부의 역할 확대(큰 정부), 대안적 삶에 대한 관심 증가, 관계의 단절 등은 코로나19 발생 이전부터 존재하였다. 코로나19 대응 과정과 그 후속 결과들로 인해 기존의 변화들이 촉진된 것들이다. 이는 현재 이야기되는 여러 이전/이후의 차이들이 코로나19에 의해 촉발된 것이 아니라는 의미이다.

코로나19 방역 조치에 의한 교란의 부정적 측면으로 분석되는 양극화 심화와 관계의 단절, 혐오 문화 확산도 앞서 기술적인 요소들과 비슷하게 코로나19 발생 이전에도 사회문제로 논의되었던 사회문화적 요소들이다. 이러한 측면에서 오늘날 코로나19에 의한 이전/이후의 차이로 현재의 다양한 변화를 설명하는 것은 실제 그 문제들을 일으켰던 원인들을 배제하고 숨기는 역효과를 발휘할 수도 있다. 코로나19 발생 이전과 이후의 차이라는 도식에 매몰되기보다는 사회의 다양한 연관관계(시간과 공간을 포함하여)를 총체적으로 보려는 노력이 요청된다.

4. 맺음말

WHO의 팬데믹 선언을 즈음하여 대부분 국가에서 일상이 멈춰 섰다. 사람들은 일상이 무너진 공포를 느꼈고, 이전과는 다른 일상을 경험하였다. 감염 예방을 위한 방역 조치로 인해 경제 폭락은 당연시되었고, 실제 팬데믹 첫해인 2020년 세계경제는 2차 세계대전 이래 가장 침체하였다. 방역 조치는 또한 민주주의와 거버넌스의 후퇴를 가져왔고, 국가의 역할과 개인의 사생활에 대한 새로운 물음을 제기하였다. 이러한 현상을 목도하고 일부는 코로나19 이전과 이후로 세계가 구분될 것이라 이야기하였다. 같은 맥락에서 코로나19는 다양한 형태로 사회개혁을 강제하고 기존의 낡은 사회질서는 수정될 것이라는 전망이 언론과 학계의 담론공간에 쏟아졌다. 의료영역뿐만 아니라 경제와 정치, 종교, 예술 등 사회의 모든 영역에서 개혁 작업이 뒤따를 것이며, 이 작업은 고통이 수반될 것으로 예측하였다. 코로나19 이후에 우리가 맞이할 세상을 '뉴노멀' 혹은 '포스트-코로나 시대'라고 명명하였다. 일부 학자들은 14세기에 5년 동안 유럽 인구의 1/3을 죽음에 이르게 했던 흑사병을, 전염병이 사회구조의 변동을 일으킨 역사적 전환점으로 재구성하여 역사적 사례로 제시하기도 하였다.

하지만 저자는 이러한 흥분된 대처와는 반대로 코로나19에 의한 전체사회 수준에서의 구조변동 가능성에 판단을 유보하고, 그 가능성을 탐색하였다. 이를 위해 불교의 연기론에 기초하여 사회이론을 정립하였다. 현재의 코로나19를 일으킨 기후위기와 지속 불가능한 성장에 대한 성찰에 근거한 의도적인 선택이며, 연기적 사회이론으로 사회를 좀 더 잘 관찰할 수 있기 때문이다. 연기적 사회이론의 관점에서 전체사회 수준의 구조변동은 특정한 사회영역에 의해 주도되지 않는다. 다양한 기능체계에서 발생한 교란이 오랜 기간 축적되고 현존 사회질서에 대한 성찰이 있을 때, 전체사회 층위에서 구조변동의 계기가 되는 '창발성'이 발생할 가능성이 커진다.

코로나19 이전과 이후를 관찰하면, 재구조화를 촉진하는 요소와 재안정화를 촉진하는 요소 모두 발견된다. 학계와 언론의 진단과 달리 코로나19 이후의 미래는 아직 결정되지 않았다. 지금 '어떤 노력'을 하느냐에 따라 코로나19 이후 사회는 기후위기를 극복하고 지속 가능한 성장이 이루어지는 사회로 전환될 수 있고, 반대로 코로나19 이전과 비슷한 사회로 재안정화될 수도 있다. 사회의 재구조화를 위해서는 현 사회질서에 대한 성찰에 근거한 의도적이고 지속적인 노력이 필요하다. 현재에는 그러한 노력이 특정한 영역에 제한되어 있다.

코로나19 감염예방을 위한 조치들은 모든 사회영역에 영향을 미친다. 하지만 방역조치가 미치는 영향의 방향과 정도는 제각각이다. 경제영역에서는 비대면 활동이 정착하고 있지만, 규모와 업종에 따라 상황은 다르다. 특히 자영업은 대면 영업장과 비대면 영업장의 상황이 극과 극으로 나누어지고 있다. 교육영역에서는 학생들의 학습과 사회성 등을 이유로 다시 예전처럼 대면 수업을 원칙으로 되돌리고 있다. 종교영역에도 어느 정도 피해가 있지만, 대부분은 적응하였다.

환경에 관한 관심이 이전보다 증가하였고, 시민사회와 종교계를 중심으로 '생태적 가치'는 다시 주목받고 있다. 초기에는 이 생태적 가치에 관한 관심은 전체사회 수준으로 확장되는 것처럼 관찰되었다. 하지만 코로나19 초기에 일었던 기후위기와 생태계 파괴에 대한 성찰의 붐은 특정한 영역으로 다시금 축소되었다. 그리고 어느새 '일상회복'이 여러 사회영역에서 최우선의 가치와 목표가 되었다. 백신이 개발되고 접종이 시작되면서 '일상'을 염원하는 사람들의 희망과 기대는 더욱 커졌다. 이 염원에서 지속 가능한 지구환경, 생태환경, 인류의 삶을 총체적으로 바라보는 초기의 반성은 점차 줄어들고 있다. 아쉽게도 재구조화를 지향하는 노력도 특정한 사회영역에 제한된 듯하다. 따라서 더욱 반복적·지속적인 성찰과 의도적인 노력이 필요하다. '졸탁동기啐啄同機'라는 경구처럼 기성 사회질서에 대한 성찰이 제한된 영역을 뛰어넘을 때 창발성이 발현될 가능성은 더욱 커질 것이다.

II. 문명전환기,
사회적 삼재팔난의 시기 불교의 역할 찾기

- 공공불교를 제안하며[1]

이 장에서는 문명전환기 불교의 역할을 고민하였다. 이를 위해 코로나 19 대응 과정에서 나타난 불교의 역할을 점검하고, 종교로서의 본래 목적에 충실하기 위해서는 어떠한 노력이 필요한지를 검토하였다. 이를 위해 현대사회를 루만의 체계이론 관점에서 검토하였고, 코로나 19 이후의 사회를 전망하였다.

코로나19 이전과 이후를 살펴보면, 재난의 사회적 의미는 더욱 강화되었고 일상화되었다. 사회는 기능체계들로 분화되어 있어도 상호작용하며 연결되어 있다. 이는 연기론에 입각한 사회 해석과 일치한다. 이러한 측면에서 불교의 관점에서 현대사회의 여러 문제를

---

1 『선학』(59), 한국선학회, pp.153~183 수록.

이해하려는 노력과 함께, 연기적 관점에서 사회문제를 불교 문제로 인식하고 적극적으로 이슈화하려는 노력도 필요하다.

문명전환기, 즉 과도기적 시대에 대한 전망에서 확인할 수 있듯이 일상에서의 고통/어려움이 증가할 것이다. 이러한 측면에서 불교의 역할이 검토되어야 한다. 불교의 존재 이유를 확인하고 실현하기 위해서는 다른 사회체계에 대한 불교적 실행이 필요하다. 불교적 실행을 위한 불교는 공공불교, 즉 '사회의 여러 영역과 상호작용하며 그 과정에서 다양한 집단/세력/개체들과 공존하고 협력하고 연대하는 불교'이다. 공공불교는 붓다가 발견한 연기론에 기초하여 공공성과 사회적 책임을 강조한다. 공공불교는 성찰체계로서의 역할을 담당하고, 공공선을 증진하는 데 기여하고, 공적 담론에 적극적으로 참여한다. 또한 이를 위해 사회적 의제에 관심을 가지고 불교 관점의 해석을 제공한다.

1. 들어가는 말

코로나바이러스감염증-19(이하 '코로나19')는 2019년 겨울 중국 우한에서 시작되었고, 이후 전 세계로 전파되었다. 코로나19가 중국을 넘어 여러 나라로 전파되고, 세계 각국에서 확진자와 사망자가 발생하고, 그 규모가 증가하자 세계보건기구(WHO)는 2020년 3월 11일 코로나19에 대하여 팬데믹(pandemic)을 선언했다. 팬데믹은 WHO의 전염병 경보 단계 중 마지막 6단계로 감염병의 세계적 유행을 뜻한다.[2] 팬데믹이 선언된 지 3년째인 현재(2022년 5월)에도 이 조치에는 변화가 없지만,

엔데믹으로의 전환이 논의되고 있다.

'바이러스성 호흡기 질환'이라는 특징으로 코로나19 감염을 예방하는 방법으로 도입된 '거리두기'는 개인 간 거리 유지, 마스크 착용, 모임의 인원수 제한으로 정리된다. 이러한 '사회적 거리두기'는 종교활동의 전제가 되는 '친밀하고 밀접한 접촉'을 제한한다. 대면행사 때 개인 간 간격 유지, 전각별 수용인원 제한, 마스크 착용, 대중공양 중지는 곧 종교활동의 제한을 의미하였다. 종교활동 제한에 따른 여러 어려움이 예상됨에도 불교계는 사회적 거리두기에 초기부터 동참하였다.

대표적으로 대한불교조계종은 정부 지침을 반영하여 지침의 내용이 변경될 때마다 새로운 방역지침을 전국 사찰에 안내하였다. 2020년에는 부처님오신날 행사도 한 달 연기하였다. 이러한 불교계의 대응은 방역이라는 사회의 공동선에 적극적으로 동참한 것으로 긍정적으로 해석되었다. 불교계의 동참은 개신교 일부의 비협조와 비교되어, 개신교에 대한 비호의적 태도 및 불교에 대한 호의적인 인식의 이유로 설명되기도 하였다. 불교계에서는 이러한 내용을 담고 있는 통계자료를 인용하며 코로나19 상황에서의 불교의 대응을 긍정적으로 자평한다.

하지만 종교의 본질/목적이라는 관점에서 평가하면 코로나19 상황에서 불교의 역할을 찾기 어렵다. 사회적 거리두기 동참 이상의 역할은 없었다. 코로나19라는 감염병의 확산과 그로 인한 후속 결과를 고려하

---

2 Daum 백과사전(검색일: 2021.05.10.).

면 더욱 그렇다.[3] 주목할 점은 이러한 비판은 불교에만 국한되지 않는다는 점이다. 불교처럼 사회적 거리두기에 동참하고 있는 천주교에서도 비슷한 비판이 제기되고 있다. 천주교의 코로나19 대응을 분석한 김선필은 "(천주교는) 코로나19 속에서 사회적 거리두기는 적극적이지만, 그 이상의 연대와 나눔에 대해서는 다소 소극적"이었다고 비판하고 있다(김선필, 2021: 229). 다소 냉정하게 평가하면, 사회적 거리두기 동참과 비협조라는 개별 종교의 차이만 있었을 뿐 코로나19 상황에서 종교의 역할은 없었다.

종교는 시민들에게 위로를 전하지도 못했고 통합의 메시지를 전달하지도 못했다. 이러한 관점에서 사회적 거리두기 여부를 근거로 개별 종교의 대응을 평가하는 것은 전체사회의 층위에서는 큰 의미가 없다. 일반인들에게 코로나19의 초기 확산을 주도하였던 신천지가 개신교로 인식되듯, 불교와 개신교, 천주교 모두 '종교'라는 범주로 이해되기 때문이다.

이러한 문제의식에서 재난 상황에서의 불교/종교의 역할을 분석하였다. 이러한 분석을 위해 다음 장에서 현대사회에서 종교의 위상과 역할에 대해 간략하게 정리하였다. 그리고 이러한 이론적 논의에

---

3 코로나19 팬데믹의 후속 결과로 양극화는 심화하였다. 사회적 거리두기로 가정에서 머무는 시간이 늘어나면서 가족구성원 간 폭력/학대도 증가하고 있다. 더불어 '코로나 블루'라고 불리는 우울을 호소하는 사람들도 늘고 있다. 역설적이게도 코로나19는 기후변화로 인해 발생하였고 그에 따라 자연과 인간의 관계에 대한 점검과 새로운 관계 정립이 필요하다는 논의가 활발하지만, 실제로는 1회용품의 사용은 급격하게 증가하였다.

기반하여 이 연구의 질문, 코로나19로 인한 혼란과 그 후속 결과, 더불어 코로나19 이후의 사회에서 불교의 역할은 무엇인가에 대해 정리하였다.

본격적인 논의에 앞서, 코로나19 팬데믹 상황에서의 사회혼란과 사회변화를 불교계에서는 어떻게 이해하고 있는지를 살펴보았다. 관련된 이해의 방식은 코로나19 시기 불교의 역할에 대한 이해와 밀접하게 연관되어 있기 때문이다.

『불교평론』에서는 2020년 12월호 특집으로 「포스트코로나 시대와 불교」를 기획하였고 총 4편의 글이 게재되었다. 같은 시기에 종학연구소와 불교사회연구소에서 「포스트 코로나 시대 한국불교의 변화와 대응」라는 주제로 한국불교의 내적 변화를 살펴보았다. 또한 불교사회연구소는 「국가재난에 대한 불교의 의례적 대응」과 「한국사회 공동체와 불교의례」라는 제목으로 두 차례 호국불교연구 학술세미나를 개최하여 불교의례와 국가, 사회의 관계에 대해 검토하였다. 또한 학술논문으로는 「간헐적 팬데믹 시대의 양상과 불교의 대안」(이도흠, 2020), 「COVID-19, 종교, 그리고 '코로나 이후' 사회: 종교를 배태한 의료사회적 접근」(유승무, 2020), 「'코로나19' 상황에서의 종교의 의미와 역할: 불교윤리적 관점을 중심으로」(박병기, 2020), 「코로나19 상황에서 불교수행자의 대처경험에 대한 질적 연구」(손강숙, 2020), 「코로나 시대, 한국불교 어떻게 포교할 것인가」(조기룡, 2021) 등 총 5편을 찾을 수 있었다.

이러한 논의들은 크게 3가지 내용으로 구분할 수 있다. 첫 번째는 전통사회에서 국가적 재난 발생 시 불교의 역할을 의례 중심으로 살펴본 연구들이다. 당시 불교의례는 치병의 기능과 치유의 기능을 담당하였다. 의례의 치병 기능은 현대 의학의 관점에서는 이해하기 어렵지만, 기록을 통해 일부 그 효과를 확인할 수 있다. 의학이 오늘날처럼 발전하지 못한 전통사회에서 불교의례는 치유와 위로, 나아가 구휼의 기능을 적극 담당하였다.

두 번째는 코로나19 이후의 불교 내적 역할에 대한 분석이다. 코로나19 이후의 시대 전망으로 대면사회에서 비대면사회로의 전환, 언택트(Untact) 문화의 확산, 노동환경의 변화 등에 주목하고, 그에 따라 사찰운영방안, 신도교육과 포교, 불교문화콘텐츠, 템플스테이 등의 분야에서 방안을 모색하고 있다. 자연과 인간의 관계, 불평등과 혐오 등과 같은 주제에는 관점이 적다는 아쉬움은 있다.

세 번째는 불교의 외적(사회적 또는 공적) 역할에 대한 논의이다. 이 논의들은 코로나19로 인한 사회의 변화와 그 후속 결과에 주목하고, 코로나19 이후의 시대 전망에도 큰 관심을 가지고, 개별 종교로서 불교보다는 일반 범주로써 '종교'에 논의를 맞추고 있다는 공통점이 있다. 이러한 맥락에서 유승무는 코로나 이후의 사회변화를 사회구조적 차원과 생활체계 차원으로 나누어 자세하게 제시하고 있으며(유승무, 2020: 47-56), 박병기는 종교의 의미와 역할을 지혜와 윤리의 관점에서 논의하고 있다. 특히 박병기는 본 저자와 비슷한 문제의식에서 사회적 거리두기의 동참을 '표면적인 대응, 일차적인 대응'으로 규정하고, "이런 표면적인 대응으로 충분한 것일까? 종교에 긍정적인 시민들이 기대하는 것은 그런 일차적인 대응과 함께, 이런 위기상황을 어떻게 보고 대처할 것인가에 관한 각 종교의 지혜일지도 모른다"라고 비판하

며 코로나19라는 위기상황에서 종교의 역할을 묻고 있다. 그리고
그러한 대답으로 불교윤리를 제시하고 있다(박병기, 2020: 195-207).
코로나19라는 재난 상황에서의 불교의 역할을 공적 관점에서 무엇인
지를 질문한 연구들은 불교계에서도 주요한 연구주제로 다루어지고
있음을 확인할 수 있다. 저자는 이러한 선행연구들에 기초하여 불교의
역할에 대해 논의하였다.[4]

2. 이론적 논의

1) 기능적으로 분화된 현대사회에서 종교

독일의 사회학자 루만에 따르면 현대사회는 정치, 경제, 교육, 법,
과학, 종교 등으로 기능적으로 분화되었다. 각각의 기능들은 체계를
구성하며 전체사회는 기능적으로 분화된 다양한 기능체계들로 이루어
져 있다. 기능체계들은 고유의 합리성(또는 의미체계)들을 가지고 있다.
체계는 고유한 매체, (이항) 코드, 프로그램을 통해서 고유한 기능을
담당한다. 현대사회의 다양한 기능체계들은 코드로 인해 자기 준거적
으로 자기 생산하면서 작동한다.[5] 기능체계들은 코드와 프로그램을

---

4 위에서 정리한 첫 번째와 두 번째는 종단과 연구소 등에서 집단적으로 관심을
 표명한 주제이지만, 세 번째 불교의 공적 역할에 대해서는 저자들의 개인적
 수준에서만 관심이 표명된 주제라는 차이가 있다. 이는 '공적 역할'에 대해서도
 교단과 연구소 등 집단적 수준에서 관심이 표명되며, 관련 연구가 진행되는
 이웃종교와는 다른 불교의 상황이다.
5 루만의 체계이론에 대한 내용은 루만(2020)을 참고할 것.

통해 다른 체계들과 명확하게 구분된다. 때문에 사회체계들 사이에는 어떠한 중심도 없다. 어떠한 사회체계도 본질적인 우위는 점하지 못한다. 또한 기능체계들은 서로 독립되어 존재하지만, 동시에 체계들은 상호작용한다.[6]

과거, 특히 중세 유럽에서 모든 부분을 아우르며 막강한 의미체계로서 기능했던 종교도 하나의 기능체계로 전체사회에 위치한다. 종교체계도 다른 기능체계(영역)들처럼 고유한 코드와 프로그램에 따라 작동하며 다른 체계들은 환경으로 구분된다. 종교의 고유한 코드는 종교체계 내에서 세계의 모든 것을 초월(transcendence)과 내재(immanence)의 이중적 가치로 배열시킨다.

초월과 내재로 구성된 종교 코드는 고전사회학자인 뒤르켐의 성聖과 속俗의 구별, 베버의 내세來世와 현세現世의 구별과 유사하다. 또한 종교체계에도 다양한 프로그램이 존재한다. 신학과 교학, 사찰·교회·성당과 같은 종교시설, 종립학교, 종교언론, 종교사회복지기관, 법회·미사·예배와 같은 정기집회, 비정기적인 수련회 등 다양한 행사와 모임이 있다. 종교체계도 이러한 프로그램들을 통해 다른 기능체계들에 영향을 끼칠 수 있다. 동시에 다른 기능체계, 정치·교육·언론·법

─────────

6 전체로서의 사회가 다양한 기능을 담당하는 하위체계들로 이루어져 있으며, 이 하위체계들 사이에는 중심 (혹은) 핵심이 없다는 루만의 체계이론은 연기론과 상당히 유사하다. 연기론에서 인식 주체를 '개인'이 아니라 '체계'의 층위로 상정한다면 전체사회는 인드라망 그물로, 하위체계들은 그물코의 구슬로 은유할 수 있다. 때문에 '연기'를 설명하는 육상원융六相圓融과 십현문十玄門 등은 현대사회를 설명하는 이론적 자원으로 재해석할 수 있다. 이에 대해서는 유승무(2010) 등을 참고할 것.

등은 전체로서의 사회 안에서 그들의 프로그램을 통해서 종교체계에 영향을 끼칠 수 있다.

기능적으로 분화된 현대사회에서 종교는 새로운 상황과 새로운 문제에 직면한다. 종교의 세계관은 더 이상 전체사회에 유효하지 않으며, 종교에 기초한 도덕성조차 사회를 통합하는 기능을 하지 못한다. 도덕성은 일반성을 유지해야 하지만 종교체계의 프로그램은 일반적인 합의에 이를 수 없다. 사회적 통합은 서로 다른 기능체계 간의 관계를 통해서만 실현되며 더 이상 계율/계명과 관련하여 실현되지 않는다. 또한 종교는 현대사회에서도 개인에게 단일하고 견고한 정체성을 부여하려 하지만, 이를 제대로 수행하지 못한다.

기능분화사회는 정치, 경제, 법, 과학/학문, 예술 등으로 분화되어 있어서 개별 인격은 전체사회 어느 한 기능체계에만 정착할 수 없게 되었다(김미경, 2017: 84). 개인은 다양한 기능체계에 참여하고, 정치-투표자, 경제-소비자, 과학-저자, 예술-예술가로 참여한다. 개인은 이처럼 모든 기능체계에 접근이 가능하다. 하지만, 특정한 체계에 완전히 속할 수는 없다. 어느 개인도 온전한 과학자, 온전한 예술가, 온전한 시민, 온전한 종교인이 아니다.

특정한 직업을 가지더라도 개인마다 여전히 다른 차이들을 가지고 있다. 이러한 이유에서 현대사회에서 개인의 정체성은 불안하며, 이 불안정은 정체성의 끊임없는 형성으로 이어진다. 불안정성을 타개하기 위해 개인은 단일하고 통합된 전체의 정체성을 상상하게 하는 기능을 종교에 기대한다. 하지만 기능적으로 분화된 현대사회에서 이러한 종교의 시도는 쉽게 도달하기 어려운 목표이다(문정환, 2010:

88-98).

2) 현대사회에서 종교의 개입

이 글에서 이론적 자원으로 활용하고 있는 루만의 체계이론에 따르면 정치, 경제, 종교와 같은 사회의 각 하위체계들은 전체사회를 '기능'을 기준으로 분점하고 있으며 자신의 고유한 기능을 수행한다. 각 기능체계들은 실질적인 이유에서만 서로에게 작용한다.

제주 강정마을 해군기지 건설 사례가 대표적이다. 강정마을 해군기지 건설은 정치영역에서 국가 수준의 정책으로 결정되었고, 당시 지역사회와 환경단체 등에서는 강력하게 저항하였다. 정치영역에서의 정책결정은 사회적 갈등으로 이어졌고, 당시 정치체계 내에서는 이 문제를 해결하지 못하고 있었다. 이러한 시기에 종교체계의 개입이 이루어졌다. 당시 불교계에서도 이 문제의 해결을 위한 종교적 실행이 발생하였다. 하지만 불교계에 이러한 경험은 그리 많지 않다. 국가 건설과 산업화를 통한 자본주의 체계 등 현대적 사회제도의 형성 및 발전 과정에서 종교적 실행/개입을 실행하지 못했다(유승무, 2020: 212-213).

반대로 불교계 내부의 문제(불교정화운동)를 해결하기 위해 법체계의 개입을 요청하였고 이로 인해 불교는 독립된 체계로서의 성격이 훼손되기도 하였다. 루만의 체계이론 관점에서 보면, 해방 이후 한국불교는 국가 형성 및 산업화에 직접적으로 개입하지 못했고 그로 인한 불교와 기능체계들 간의 관계는 현재에도 유지되고 있다.

3. 코로나19 대응 과정에서의 불교

1) 코로나19 재난에서의 불교 대응 현황

코로나19 재난으로 인해 종교/불교영역에서도 교란이 발생하였다. 이때 교란은 정부의 방역조치에 대한 대응이라 측면에서 이해할 수 있다. 종교에 대한 방역조치들은 종교시설과 종교집회, 종교활동을 그 대상으로 한다. 종교집회는 대부분 일정한 공간에 성직자와 신도가 모여 이루어진다. 모임을 통한 교감과 교류, 호응은 '체험'의 중요한 요소이다. 이러한 이유에서 정규적인 집회(법회·예배·미사 포함) 외에도 다양한 신행활동과 모임을 권장한다. 하지만 사회적 거리두기에서는 종교활동도 다른 활동처럼 제한되었다.

정부의 방역조치 하에서는 정상적인 종교활동이 어렵고, 신행활동의 감소는 종교수입의 감소로 이어질 것이라 충분히 예상되었다. 그럼에도 감염 확산 초기에 발생한 신천지 교회에서의 집단감염과 그 원인인 종교의례의 3밀(밀폐·밀집·밀접) 환경은 사회적 거리두기를 종교단체가 수용하게 된 이유가 되었다.

사회적 거리두기에 불교와 천주교는 초기부터 협조하였다. 때문에 불교계 종교시설에서 집단감염이 발생한 경우는 거의 없었고 확진자가 발생한 사찰도 그리 많지 않았다. 이는 사회적 거리두기 동참에 머물지 않고 선제적으로 대응(산문폐쇄 등)한 결과이기도 하다. 반면에 개신교는 개혁·진보적인 성향의 개신교단은 거리두기에 동참하였지만, 보수적인 성향의 개신교단은 비협조적이거나 적극적으로 거리두기를 회피하기도 하였다. 특히 전광훈 목사가 이끄는 '사랑제일교회'는 방역수칙 위반을 공공연히 정당화하였고, 이후 BTJ 열방선교나 IM 국제학교 등에서 '집단감염'이 계속 발발하였다.

사회적 거리두기 동참 외에 종단 차원의 실천으로 '코로나19 극복과 치유를 위한 기도'가 있었다. 2020년 부처님오신날 법요식을 음력 윤4월 8일(양력 5월 30일)로 변경하고 전국의 모든 사찰에서 4월 30일 '부처님오신날 봉축 및 코로나19 극복과 치유를 위한 기도' 입재를 시작으로 한 달 동안 전국의 1만 5천여 사찰에서 기도정진을 진행하였다. 또한 포교원에서는 3월 3일부터 '코로나19 극복을 위한 사부대중 기도정진'을 입재하였다. 기도정진을 위해 포교원에서는 '코로나19'의 종식을 염원하는 기도문과 발원문'을 제작하여 배포하였다. 기도문의 핵심은 나와 이웃, 그리고 공동체를 위한 마음으로 『약사여래경』[7]과 『보배경』[8]을 중심으로 구성되었다.

2) 코로나19 재난에서의 불교 대응이 지닌 함의

종교집회 제한과 그에 따른 종교활동의 제약에 대해 종교계 내부에서 반발도 있었지만, 대부분은 그에 적응하여 다양한 방식으로 집회와 모임을 진행하였다. 비대면 기술을 활용한 집회와 집회 시 마스크 착용, 거리두기라는 방역 조치를 수용하는 수준에서 코로나19에 종교계는 적응하였다. 적응과는 별개로 코로나19 상황에서의 집회 및

---

7 『약사여래경』은 전통적으로 병고를 극복하기 위해 널리 독송돼 온 대승불교의 주요 경전이다.
8 『보배경』은 인도의 웨살리에 전염병이 퍼졌을 때 부처님께서 독송을 권했던 경전으로 초기불교의 가르침을 담은 『숫타니파타』에 실려 있다.

행사의 제한 및 축소는 교세 감소와 수입 감소로 이어질 것으로 전망되었다. 개별 사찰에 따라 그 정도는 제각기 상이했지만, 교계 전체 수준에서는 이러한 전망은 사실로 입증되었다. 그리고 신도수 감소와 수입 감소는 이웃 종교인 개신교와 천주교 등에서도 사실도 확인되었다. 특히 종교에 대한 부정적 인식의 증가로 인해 종교의 위상과 사회적 영향력이 감소할 것이라는 비판적 분석도 있었다. 이러한 비판적 분석들은 코로나19 재난에서 보여준 불교와 천주교, 그리고 개신교의 역할이 그리 많지 않다는 점을 보여준다.

종교의 전통적인 역할이라고 이야기되었던 위로와 통합 등의 역할이 코로나19 재난 상황에서는 보이지 않았다. 불교계에서는 기도정진 등이 있었으나, 사회적 영향을 주지는 못했다. 이러한 결과는 현대 한국사회에서 불교가 점유하고 있는 위상을 보여준다. 첫째, 불교도 다른 사회영역들처럼 하나의 하위체계로서 전체사회를 주도하거나 중심의 위상을 점유하지 못하고 있다. 둘째, 불교는 다른 사회영역들과의 관계를 발달시키지 못하였다. 때문에 코로나19 재난 상황에서도 다른 기능체계들에 불교적 실행을 하기 어려웠다.

하위체계로서 불교와 다른 기능체계들 사이의 연동 정도·밀도는 다른 기능체계들 사이에서 관찰되는 그것보다 낮다. 이러한 낮은 연동성으로 인해 코로나19 대응 과정에서 불교의 역할은 제한될 수밖에 없었다. 즉 코로나19로 인한 재난 상황에서 의료체계와 정치체계 등에 의한 불교의 변용(교란)은 있었지만, 반대로 불교에 의한 다른 사회체계의 변동, 즉 불교의 역할이 거의 없었던 이유이다. 불교는 우주 삼라만상 사이의 상호의존을 전제하고 있는 연기론의 관점에서 세상을 이해한다는 점에서 매우 아쉬운 점이다.

코로나19 재난 상황에서 '역할 없음'은 불교뿐만 아니라 다른 종교도 모두 경험하였다. 종교의 본래 역할을 고려하면, 사람들은 이러한 현상을 이해하고 받아들이기 어렵다. 이들은 자신의 삶에서 왜 종교가 필요한지? 종교가 과연 무슨 역할을 할 수 있는지 질문을 할 것이다. 이러한 질문에 종교가 답을 하지 못한다면, 그리고 종교가 내놓는 답이 현재 사회구조에 내재한 모순과 한계 극복에 도움이 되지 않는다면 종교의 위상은 급격하게 격하될 것이다.

종교는 코로나19를 일으킨 한계와 모순, 이전/이후의 차이에 대해 자신의 관점에서 이해하고 이를 통해 종교의 역할을 어떻게 새롭게 규정할 것인가에 대한 실천적 고민이 필요하다. 코로나19는 종교의 역할에 대한 메시지와 방향을 구상해야 하는 계기가 되었다(박문수·유승무·이상철, 2020: 12). 이러한 관점에서 코로나19 재난은 종교체계에 새로운 적응을 요구하는 위험이며, 종교의 역할을 내부보다는 사회, 과거보다는 미래에 준거하여 고민할 것을 요청하고 있다.

4. 문명전환기 사회 전망, 사회적 삼재팔난의 시기

1) 사회적 삼재팔난의 의미

코로나19 팬데믹 상황은 여전히 유지되고 있다. 하지만, 정부에서는 올해(2022년) 하반기 코로나19 엔데믹 전환을 목표로 하고 있다. 이처럼 코로나19가 풍토병으로 전환된 엔데믹 시대를 포스트-코로나 시대라고 정의한다면, 이 시대가 어떤 사회인지를 전망할 필요가 있다.

이에 근거하여 불교의 역할도 함께 전망할 수 있기 때문이다. 사회와 미래를 준거로 포스트-코로나 시대를 전망할 경우, 현재의 코로나19가 생태계 파괴와 지속 불가능한 성장에 의해 발생한 '재난'이라는 사실에 주목하게 된다. 더불어 그 원인도 코로나19 발생 이전 시기부터 지속되어 왔던 것이라 점을 잊어서는 안 된다. 즉 재난 발생에 대한 경고는 이전부터 존재하였고, 코로나19라는 신종전염병은 이러한 유형의 재난 사례이다.

재난은 개인과 사회에 혼란과 충격을 주고 이는 재구조화를 요구한다. 재구조화 과정의 끝은 '일상의 회복'이거나 '새로운 사회로의 이행'이다. 어떠한 결과이든 개인과 사회는 재구조화 과정에 적응해야 한다는 사회적 압박이 존재한다. 이러한 이유에서 모든 재난은 사회적 성격을 지니고 있다. 또한 현대사회에는 재난의 시기에 최종적인 결정을 내릴 초월적인 기능체계나 가장 중요한 기능체계는 존재하지 않는다. 각각의 기능체계들은 다른 기능의 작동을 전제로 고유의 프로그램에 따라 작동할 뿐이다(박순일, 2020: 76). 이러한 측면에서도 현대사회의 재난은 사회적이다. 재난에 대처하고 그 책임을 나누는 것은 모든 기능체계의 몫이다. 현재 우리가 직면한 교란/충격은 사회영역들의 기능에 기대어 해결할 수밖에 없는 모두의 몫이라는 이유에서 사회적이다. 이러한 이유에서 모든 재난을 의미하는 삼재팔난三災八難은 '사회적'이다.

또한 주목할 점은 코로나19로 인한 변화가 이전에 존재하지 않았던 완벽하게 새로운 것이 아니라는 사실이다. 코로나19로 인해 일상의 모습뿐 아니라 정치, 경제, 과학, 사회문화, 예술, 교육 등 거의 모든 영역에서 변화가 관찰되었다. 이를 반영하듯 코로나19 발생 이후 1회 이상의 출연빈도를 보이는 사전 미등재 단어(또는 구)는 302개나 된다(이수진·강현아·남길임, 2020: 238.). 하지만 뉴노멀을 비롯한 일부 단어들은 코로나19 발생 이전 시기부터 지속적으로 사용되어온 것들 이다(강희숙, 2021: 119). 언택트와 비대면 문화, 온라인 소통 방식의 확대 등이 그 예이다. 기후위기의 심각성과 민주주의의 위기, 양극화의 심화, 관계의 단절 등도 마찬가지이다. 다만 해당 이슈가 가진 사회적 영향력과 파급력이 커졌고, 변화의 속도가 급격하게 빨라졌다는 점은 분명하다.

2) 사회적 삼재: 기후위기·핵에너지·감염병

삼재三災는 흔히 세간에서 하늘, 땅, 사람에 의한 재해를 뜻한다. 여러 재해 중에서 '미래'를 준거로 할 때 우리는 기후위기, 핵에너지·전염병에 주목해야 한다. 이 세 가지 재난은 이미 인류가 직면하고 있는 재난이며 재난의 범위와 강도는 전체 인류와 연관되어 있다. 기후위기는 인류를 포함한 뭇 생명들의 멸종을 야기할 수 있다고 예측되며, 핵에너지는 인류가 감당하지 못하는 핵폐기물을 생산하고 지구 환경을 오염시키고 있다. 나아가 감염병은 인류에게 예측할 수 없는 공포가 되고 있다. 포스트-코로나 시대에도 그 위험은 줄어들 가능성은 낮다.

기후위기는 언론에서도 자주 언급되는 이슈이다. 하지만 사람들이 느끼는 위기감은 낮다. 아직도 일부에서는 기후변화는 '사기'라고 주장하기도 한다.[9] 하지만 온실가스 농도 상승과 기후패턴의 파괴적인 변화로 인한 위기는 이미 일상에서 경험하고 있다. 『2050 거주불능지구』라는 책에서 저자들은 기후위기로 인해 인류가 경험하고 있고 혹은 경험한 재난을 12가지로 정리하였다. 살인적인 폭염, 빈곤과 굶주림, 집어삼키는 바다(해수면 상승), 치솟는 산불, '날씨'가 되어버릴 재난들(○○○○년에 한번 있을 법한 재난), 갈증과 가뭄, 사체가 쌓이는 바다(대멸종, 바다 순환체계 붕괴), 마실 수 없는 공기, 질병의 전파, 무너지는 경계, 기후분쟁(국가 자원전쟁과 개인 간 폭력 등), 시스템의 붕괴이다. 결국 사람들은 비인간적인 생활조건 속에서 일상을 살아가야 한다.[10]

핵에너지 사용도 미래와 사회의 관점에서 대단히 큰 재난 요소이다. 핵에너지와 관련되어 일반적으로 핵발전소 사고, 예를 들어 체르노빌이나 후쿠시마 원전 사고만을 생각하지만, 핵발전소에 가동 중에 발생하는 크고 작은 사고들과 우라늄 채굴과정과 전력 수송과정에서의 피해, 핵에너지 이용에 따른 사회적 스트레스 등 다양한 위험이 존재한다. 그중에서도 가장 주목해야 하는 위험은 핵폐기물과 관련된 위험이다. 현재 가장 강한 방사선을 방출하는 고준위 폐기물을 발전소 내에 임시로 저장하고 있으며, 이 임시저장 공간도 2024년 이후 포화가

---

9 일례는 전 미국 대통령 트럼프는 기후변화 과학은 '사기'라고 주장하였고, 이러한 신념에 근거하여 2018년 7월부터 9월까지 세 차례에 걸쳐 온실가스 배출 규제를 완화하였다. 또한 트럼프는 지구 평균 기온을 최대 섭씨 2도 상승으로 제한하기로 합의한 파리기후협약을 탈퇴하였다. 트럼프 후임 대통령으로 취임한 바이든은 취임 첫날 파리기후협약에 복귀하였다(〈뉴스펭귄〉, 2020.11.23.; 〈디지철타임즈〉, 2021.02.21.).

10 자세한 내용은 월즈(2020) 참조할 것.

될 것으로 예상된다.[11]

또 다른 문제는 핵폐기물을 관리하는 시간은 인간의 시간을 넘어선다는 점이다. 핵폐기물은 방사성 물질이 갖는 고유의 반감기가 있다. 이를 고려해서 대략 10만 년 동안은 생명에 위해를 끼치는 노출이 있어서는 안 된다는 가정을 하고 핵폐기물 관리를 논의한다. 하지만 현재 인간의 과학기술을 동원하여 잘 보관한다고 하더라도 수만 년 동안 어떤 일이 발생할지는 아무도 모른다. 현재 인간이 가진 지식이 끊임없이 전달될 것이라는 보장도 없다.

신종감염병은 대부분 인수공통감염병으로 생태계 파괴와 기후변화로 인해 발생한다. 생태계 파괴와 기후변화로 서식처가 파괴되어 인간과의 접촉이 늘어나고 있다. 더욱 우려되는 지점은 기온상승으로 빙하와 만년설이 녹아내리면서 그 속에 현생 인류가 모르는 바이러스가 깨어날 가능성이 더욱 커졌다는 점이다. 교통수단의 발달과 세계화로 감염병 팬데믹은 더 자주 발생할 것으로 예측된다. 지금의 코로나19가 잠잠해지더라도 유사한 감염병은 언제든지 가능하다는 전망이다. 현재의 사회구조에서 감염병에 의한 재난은 구조적이고 필연적이다 (김현우, 2021).

---

11 핵폐기물은 폐기물에서 나오는 방사선의 세기에 따라 구분하여 관리한다. 방사선의 세기가 가장 큰 고준위 폐기물은 전기를 생산하기 위해 원자로에 핵연료를 넣어 태우고 난 뒤 꺼낸 사용후핵연료가 대부분이다. 강한 방사선을 방출하기 때문에 지하 500~1,000m 깊이의 암반을 파서 핵폐기물을 저장하는 방식을 선호한다. 하지만 현재 운영되고 있는 고준위 폐기물 처분장은 없다. 핀란드와 스웨덴만이 고준위 폐기물 처분장 부지를 확보한 상태이다(〈한국원자력연구원〉, 2021.03.22).

3) 사회적 팔난: 불평등·혐오·단절

불교에서 팔난은 배고픔, 목마름, 추위, 더위, 물, 칼, 병란의 여덟 가지 곤란과 어려움을 뜻하며, 불법佛法을 들을 수 없어 발생하는 곤란함을 의미하기도 한다. 욕심과 어리석음, 분노에 의한 삼업三業이 쌓여 발생하는 재난으로 팔난을 해석하기도 한다.

코로나19 재난 상황에서 발생한 여러 혼란은 인간의 삼독심, 즉 욕심과 어리석음, 분노에 의한 '난難/괴로움'을 강화시켰다. 감염예방을 위한 방역조치로 인해, 기존의 사회모순이 강화되는 경향이 발견된다. 그리고 이러한 괴로움은 포스트-코로나 시대에도 이어질 것으로 예측되고 있다.

첫째, 코로나19 대응 과정에서 주목되는 괴로움은 양극화의 심화 혹은 고통의 집중이다. 코로나19의 감염 위험은 누구에게나 열려 있지만, 방역 조치에 의한 어려움과 고통은 계층에 따라 상이하였다. 코로나19로 인해 취약계층의 위험도가 이전보다 많이 증가하였다. 양극화에는 경제적 위험도뿐만 아니라 의료보건적 측면에서의 위험도도 포함한다. 코로나19 방역조치의 하나로 재택근무가 권고되었을 때, 기업 규모와 업종, 근무형태에 따라 실제 실시 여부에 차이가 있었다. 재택근무로 인해 일부에서는 소득이 줄어드는 경험을 하기도 하였다. 한 조사에 의하면 집에서 근무하게 된 서울 여성 5명 중 1명꼴로 임금감소를 겪었다(〈연합뉴스〉, 2021.03.25.). 비슷하게 코로나19 확산 초기 다중이용시설의 이용이 제한되고 일부 시설이 폐쇄되면서 사회에서 '고립'된 사람들이 증가하였다. 이들은 사회적 관계가 단절되면서 생존의 어려움을 느꼈고, 일부는 우울감 등을 호소하기도

하였다.

이러한 불평등은 전 세계 어디에서나 발견되었다. 부유하고 권력이 있는 집단은 견고한 방역망 속에서 비교적 안전하고 편안한 삶을 누릴 수 있었다. 봉쇄조치의 영향도 상대적이었다. 활동과 소득에 영향이 적은 집단과 직업활동이 제한된 집단, 일자리 자체가 사라진 집단으로 사람들은 구분되었다. 봉쇄와 시설 폐쇄로 장애인과 사회적 약자들의 취약성은 더욱 두드러졌다.

둘째, 코로나19 이후의 사회에서도 예측되는 고통/어려움/괴로움은 '혐오'이다. 혐오는 배제와 차별로 이어진다. 코로나19 발병 초기 신천지를 비롯한 일부 집단과 확진자에 대한 비판이 정상과 비정상의 구분과 함께 비난과 혐오로 전환되었다. 이는 재난의 시기에 발생하는 '희생양(scapegoat)' 찾기이다. 재난에 의한 공포와 미래가 불확실한 상황에서 사람들은 그 책임을 전가할 대상을 찾고 모든 책임을 그 대상에게 투사한다. 대부분은 자신을 방어하기 어려운 사회적 약자들이 희생양이 된다. 이로 인해 재난을 일으킨 사회의 한계와 모순을 보지 못한다. 그 과정에서 우리 사회의 약자들이 오히려 더 피해는 보는 역설이 발생한다.

불교를 포함한 제도종교들은 사회의 희생양찾기를 차분하게 지켜보고 제 목소리를 내기보다는 방역을 방해하는 집단으로 함께 비난하였다. 개신교 일부에서는 신천지 등 집단감염이 발생한 교파 및 교회를 이단/사이비라고 규정하고 개신교에서 배제하는 등 희생양 찾기를 주도하기도 하였다. 종교의 본질을 생각한다면, 종교는 이러한 현상을 경계하고 비판하고 배제보다는 통합, 갈등을 관리하는 노력을 해야

했다.

셋째, 포스트-코로나 시대에 가장 우려되는 고통/어려움/괴로움은 '관계의 단절'이다. 코로나19의 방역조치로 사람들의 관계는 단절되었다. 대면 접촉보다는 온라인 네트워크를 통한 비대면이 새로운 관계 맺기 방식이 되었다. 사적 만남 자체를 회피하게 되었다. 하지만 이러한 경향은 코로나19 이전부터 시작되었다. 현대사회에서 사람 간의 관계는 경제가치로 측정되고, 경제가치를 위해 생산성과 효율성, 성과, 속도, 경쟁은 긍정적으로 가치로 추천된다. 이러한 가치들은 사람들을 치열한 경쟁에 매달리게 하고, 경쟁의 결과로서 배제와 탈락은 당연한 결과이고, 배제와 탈락으로 인해 사람들 간의 만남과 소통은 차단되었다. 더욱이 오늘날 한국사회에서 사람들이 살아내야 하는 삶의 속도는 제로섬의 초경쟁주의와 속도주의로 더욱 가속화되어 사람들 간의 거리는 더욱 멀어지고 관계는 파괴되고 있다. 코로나19 대응 과정에서 경쟁과 속도가 잠시 늦추어지기도 했지만, 최근에는 이전의 삶의 양식으로 다시 돌아가고 있다.

5. 사회적 삼재팔난의 시기, 공공불교의 필요성

코로나19 이후의 사회는 재난과 고통이 전면적으로 사회화된 사회이다. 이러한 측면에서 불교에는 지금과는 다른 방식의 존재양식, 즉 기능체계들과의 관계 맺기가 요구된다. 이러한 관계 맺기를 통해 새롭게 체계화된 불교를 저자는 '공공불교'라고 칭하고자 한다. 아래에서는 불교와 다른 하위체계 간의 관계 맺기를 위한 불교의 코드 전환과 역할도 함께 제안한다.

1) 공공불교의 개념

앞에서 저자는 다음과 같이 이론적 논의를 정리하였다. 첫째, 현대사회
는 기능적으로 분화된 사회체계들의 구성물이며, 종교/불교도 여러
기능체계 중 하나이다. 둘째, 코로나19는 '일회적인 사건'이 아니라
코로나19 이후에도 지속될 것으로 예상되는 '사회적 재난'의 한 사례이
다. 셋째, 코로나19를 불러온 모순과 한계, 대응 과정에서 발생한
혼란을 극복하기 위해서는 성찰에 근거한 노력이 필요하다.

또한 현재의 사회질서에서 종교, 특히 불교는 다른 기능체계들보다
전체사회 및 다른 사회영역들과의 관계를 발달시키지 못했다는 점도
확인하였다. 이러한 논의 결과를 근거로, 코로나19 이후 예상되는
사회적 삼재팔난에 대응하는 역할을 담당하기 위해서는 불교와 사회
사이의 관계를 다른 기능체계들의 수준, 그리고 다른 기능체계들과의
관계 수준도 높여야 한다는 결론에 도달하였다. 그리고 이러한 맥락에
서 '공공성'이 지금보다 강화한 불교의 역할을 '공공公共불교'로 개념화
하고자 한다.

우선, 공공성은 다른 사회과학의 개념들처럼 사용하는 학자에 따라,
그리고 주제에 따라 다양하게 규정된다. 경제학에서는 공익성과 공정
성, 정치학에서는 공민성과 공개성, 법학에서는 인민/시민, 공공복리,
의사소통이 거론된다. 이처럼 다양한 의미로 사용되지만 대체로 '공공
성'에는 사적인 것의 반대로서 '공적인 것', 폐쇄적인 것의 반대로서
'공개되고 열려 있는 것'의 의미가 포함되어 있다. 이는 한자 공공公共,

공公과 공共으로 설명된다. 공公은 개인의 사적 영역을 넘어선 시민사회, 전체사회, 국가, 민족, 세계사회로 확대되는 공적 영역을 의미한다. 또 다른 공共은 집단의 구성원들이 서로 함께 소통하며 공존하는 관계임을 뜻하며, 나와 타자, 개인과 집단, 개인과 국가, 집단과 사회, 집단과 국가의 관계에도 확대된다. 이러한 측면에서 종교의 공공성은 개별 종교들이 공적 영역에서 공공의 가치와 공동선의 증진에 기여하는 것을 뜻하며, 행위주체로 공동체를 강조한다(전명수, 2018: 141-152).

종교의 공공성에 대한 이러한 이해를 바탕으로 이 글에서는 '공공불교'를 '전체사회의 여러 영역과 상호작용하며 그 과정에서 다양한 집단/세력/개체들과 공존하고 협력하고 연대하는 불교'로 정의한다. 공공불교는 기존의 불교를 대체하거나 이전에 존재하지 않았던 새로운 불교를 만드는 것이 아니다. 불교의 다양한 교리들은 공공성을 지향하고 공적 역할을 강조하고 있다는 사실을 상기하고, 이를 중심으로 불교의 역할을 재구성하는 불교이다. 개체들의 공존과 상생의 근거가 되는 연기적 세계관, 타자의 고통에 공감하고 구제하는 보살로서의 인간관, 사적 탐욕을 지멸하려는 공공의 윤리관, 민주적으로 의사소통하고 구성원 전체의 이고득락을 추구하는 공동체 전통, 공적 영역에서의 사람과 사회·자연 간의 상호작용을 구체화한 공업설 등 공공성을 구축할 수 있는 교리들은 충분하다(이도흠, 2014: 82).

공공불교는 이러한 교리들에 근거하여 가능하며, 실천의 동력을 얻는다. 특히 공공불교는 '연기론'에 입각하여 사회를 이해·해석하고, 이에 근거하여 역할을 구성하고 실천한다는 특징이 있다. 이는 다른 종교의 공공성과 구별되는 지점이며, 불교만의 공적 역할을 가능케 하는 지점이다.

약술하면, 공공불교는 이웃·사회·자연과 공존하고 상생하는 불교이며, 동체대비심으로 사회적 약자의 고통에 공감하고 보살행을 실천하는 불교이다. 연기적 관계성을 바탕으로 특정 집단(사회적 약자와 소수자 등)을 배제·차별하는 혐오의 문화를 거부하고, 사회구성원 모두의 행복을 추구하는 불교이다. 나아가 공공불교는 사찰을 불교공동체의 핵심으로 이해하고, 사찰을 근거로 지역사회와 호흡하는 지역공동체를 이루고 함께 이고득락離苦得樂을 추구하는 불교이다.

2) 한국불교의 코드 수정: '동체대비/독존獨存'으로

앞에서 언급한 공공불교를 구체화하기 위해서는 불교계의 전환 노력이 요구된다. 기능체계로서 불교체계에는 코드와 프로그램이 존재하며, 프로그램은 코드를 기준으로 구성된다. 체계의 관점에서 한국불교의 코드는 '깨달음/무명無明'이다. 깨달음을 불교의 근본 목적으로 이해하고, 수많은 수행 프로그램들이 이 깨달음을 지향하고 있다는 사실에서 확인할 수 있다. 무명은 번뇌의 원인이며 깨달음을 통해 해소된다. 즉 긍정(깨달음)-부정(무명)이라는 전형적인 이항 코드에 부합한다.

실천적 관점에서 '깨달음/무명'의 코드에서 불교의 프로그램은 개인의 수행 중심으로 기획되고 운영된다. 불교 프로그램은 사적 영역으로 제한되고, 불교의 실천은 사찰과 명상센터에 갇히게 된다. 나아가 '깨달음'과 무관한 신행활동을 비활성화시키고 그 의미를 축소하는 경향도 있다. 이로 인해 현재에도 이루어지고 있는 다른 사회체계들과 불교의 교류, 즉 불교적 실행이 '깨달음/무명' 코드에서는 불교 내부에서 아무런 의미를 획득하지 못하고, 오히려 '무명'으로 부정될 가능성 크다.[12] 최근 불교의 공익활동이 침체한 이유도 이와 무관하지 않다.[13]

때문에 '깨달음/무명'에 대한 비판이 불교계 내부에서 꾸준하게 제기되고 있다. (1) 깨달음이 신비화되어 있으며, (2) 대승大乘의 관점에서 현실에 아무런 도움이 되지 않는다는 비판이 그것이다. 전자의 비판(1)은 깨달음의 내용에 대한 비판이다. 홍사성은 한국불교계에는 깨달음에 대한 많은 오해가 있다고 지적하고 이를 세 가지로 정리하였다. 첫째, 깨달음을 아무나 도달할 수 없는 신비한 무엇으로 이해한다. 둘째, 깨달음을 위해서는 오랜 기간의 특별한 수행이 필요하다. 셋째, 깨달음을 얻은 사람은 생물학적 생사문제나 도덕적 인과의 그물에 걸리지 않는다(홍사성, 2008: 366).

이러한 비판은 불교계에서 정당한 것으로 받아들여지고 있으며, 그 결과로서 깨달음을 '연기적 관계성에 대한 인식전환으로 얻게 되는 일상적 삶의 경이로운 재발견'으로 이해하는 흐름도 있다(우희종, 2007: 59; 홍사성, 2008: 387-388). 후자의 비판(2)은 깨달음이 불교의 목적으로 이해되는 것에 대한 비판이다. 불교의 오랜 경구인 '상구보리 하화중생'은 대승불교의 관점에서 전후前後의 문제가 아니라 동시에 이루어져야 하는 목적이다. 연기적 관점에서 모든 생명/중생은 동체이며 이들의 행복과 이익을 위한 노력이 곧 불교의 실천(보살행과 대비심)이기 때문

---

12 일례로 1970년대 독재에 저항하고 기성불교의 혁신을 추구하였던 민중불교에 대한 비판은 바로 이 지점에서도 이루어졌다.

13 불교의 공익활동에 대한 내용은 이명호(2018)를 참조할 것.

이다.

하지만 '깨달음'을 중시하는 일부는 '상구보리'를 이룬 다음에 '하화중생'이 가능한 것으로 이해한다. 즉 불교의 근본 목적은 '깨달음을 통해 번뇌에서 벗어나 해탈 또는 열반에 이르는 것'으로 규정되며, 일체 중생들의 행복과 이익을 증진하고 그들도 역시 번뇌에서 벗어나게 하는 일은 이차적인 목적으로 이해한다. 이는 스스로 '대승불교'라고 규정하는 한국불교계의 매우 모순적인 인식이다. 2015년에 있었던 불교계의 깨달음 논쟁도 바로 이 모순적 인식에 대한 비판에서 시작되었다. 당시 한국불교 주류를 '깨달음 지상주의'로 비판했던 측은 한국불교가 현실을 도외시한 채 깨달음만을 절대시하고 사회역사적 현실에 대한 탐구와 해결 노력을 소홀히 하고 있다고 비판하였다. 이러한 비판에 대해 당시 전국선원수좌회도 동의한다는 성명을 발표하였다.[14]

이러한 문제의식에서 한국불교의 코드는 '깨달음/무명'에서 '동체대비/독존'으로 재구조화되고 있다. 최근 대한불교조계종 백년대계본부 불교사회연구소와 중앙승가대학교 불교사회과학연구소에서 실시한 『종단의 미래 설계를 위한 여론조사 결과보고서』를 검토하면 승가 내부에서 이러한 흐름이 있음을 확인할 수 있다.

출가자들 스스로 미래사회에서 자신들의 역할을 무엇이라 인식하는지를 묻는 질문에 '깨달음을 위해 수행에 전념하는 것'은 8.24점, '자비의 정신을 사회에 구현'은 8.21점으로 그 차이는 0.03으로 거의 없었다 (대한불교조계종 백년대계본부 불교사회연구소, 2020: 55-56).[15] 또한 '미래

14 깨달음 논쟁에 대한 자세한 내용은 이찬훈(2016)과 정혜정(2017)을 참조할 것.
15 최소값 1, 최대값 10으로 동의하는 정도를 측정하였고, 동의할수록 점수가 높다.

우리 불교가 어떤 방향으로 나가는 것이 좋다고 보십니까?'라는 질문에서는 절반이 넘는 54.7%가 대승불교의 입장에 서서 보살행을 비롯한 현대적 가치관을 반영하는 것이라고 응답하였다(대한불교조계종 백년대계본부 불교사회연구소, 2020: 65). 미래 한국불교의 주요 과제들을 제시하고 그 중요성을 평가하는 문항에서도 '자비 실천(봉사, 사회적 약자와 함께함)'의 중요성은 8.39점으로 '깨달음 및 해달'의 중요성 8.34점보다 높았다. 이러한 조사결과는 한국불교의 승가 내부에서 '미래'를 준거로 한국불교의 코드가 대승의 가치를 강화하는, 즉 '동체대비/독존'의 방향으로 변화하고 있음을 보여준다.

3) 공공불교의 역할

이 연구에서 제안하는 공공불교는 '동체대비/독존'를 코드로 제시한다. 이는 동체대비를 가치로 프로그램과 역할을 구성할 것으로 제안한다는 의미도 담고 있다. 이러한 관점에서 여기에서는 간략하게 공공불교에서의 실천과 역할을 세 가지로 정리하였다.

첫째, 공공불교는 사회의 성찰체계로서 역할을 담당해야 한다. 사회가 기능적으로 분화하면서 각각의 영역에서는 고유한 합리성이 등장하였다. 정치영역에서는 정치적 합리성이, 법 영역에서는 법적 합리성이, 경제영역에서는 경제적 합리성이 등장하였다. 이 합리성들은 서로 다르며 지속적으로 변화한다. 체계들의 고유한 합리성들은 상호 이해가 불가능하다. 특정한 영역에서 등장한 합리성은 다른 영역에서는 불합리한 것으로 취급된다. 현대사회의 위험은 이러한 합리성의 성격에 기인한다. 합리성이 고도화되면 될수록 영역 간의 이해와 소통의 가능성이 줄어들고, 이는 갈등과 위험의 증가로 이어진다. 때문에 현대사회에서는 '성찰적 합리성'이 요구되며, 이러한 성찰적 합리성을 담당할 수 있는 영역은 종교체계이다. 하지만 모든 종교가 성찰의 역할과 친화력을 발휘하기 어렵다. 연기론의 관점에서 세상을 이해하는 불교에서는 화쟁和諍의 논리로써 사회체계들의 고유한 합리성을 성찰할 수 있다. 서로 다름을 이해하고 전체사회(혹은 인류)의 차원에서 문제를 이해하고 해석할 수 있다. 실재와 그 원형의 존재가 있다고 전제하는 기독교(개신교와 천주교)에서는 이러한 성찰이 어렵다.

둘째, 공공불교의 목적은 공공선, 곧 '많은 이들의 안락과 이익'을 성취하는 것으로 나타나야 한다. 특히 고립되고 배제된 사회적 약자들의 사회적 삶과 일상을 회복할 수 있도록 해야 한다. 이를 위해 공공불교는 개인들이 삶에서 겪는 구체적인 상황에 응답할 수 있어야 한다. 시민들이 삶을 살아가며 어려움을 겪는 구체적인 생활세계에서 불교는 중생들과 만나야 한다. 가족문제, 경제적 어려움, 군대문제, 차별경험, 세대갈등, 노인혐오, 환경문제, 젠더갈등, 교육문제, 육아문제, 지역격차, 집값문제 등 시민들의 삶과 직결되는 모든 장소가 공공불교의 실천 장소가 되어야 한다.

셋째, 공공불교의 중요한 역할 중 하나는 공적 담론에 적극적으로 참여하고, 이를 위해 사회의 다양한 이슈를 불교의 시각에서 해석하는 노력이 요청된다. 공론장에 참여하기 위해서는 지역사회, 이웃종교, 사회단체, 기능체계 간의 작용과 이슈들에 관심이 있어야 한다. 그리고 사회의 다양한 자료와 자원을 참고하고 공부하고 활용해야 한다.

현대사회에서는 사회의 주요 의제들이 공론장에서 다루어진다. 공론장에서는 개인과 집단의 이해관계가 숨김없이 노출된다. 이를 통해 서로의 이해가 높아지며, 자신의 이해를 관철하기도 한다. 따라서 공론장의 참여는 다른 기능체계들과의 관계맺음과 불교적 실행의 시작이다. 공론장에 참여하기 위해서는 공공의 문제에 적용 가능한 불교의 해석을 제시해야 한다. 공적 이슈에 대한 해석 제공은 사회질서를 유지하는 기준과 토대가 사라진 현대사회에서 종교가 감당해야 하는 공적 역할 중 하나이다. 공공불교는 전체사회나 다른 기능체계들의 필요나 문제에 대해 불교적 가치에 기초한 통찰을 제공해야 한다.

6. 맺음말

이 글은 코로나19 대응 과정에서 나타난 불교의 역할을 점검하고, 종교로서의 본래 목적에 충실하기 위해서는 어떠한 노력이 필요한지를 검토하였다. 이를 위해 현대사회의 특징을 루만의 체계이론 관점에서 검토하였고, 코로나19 이후의 사회에 대해서도 전망하였다. 그리고 이러한 논의를 종합하여, 산업문명사회에서 생태문명사회로 전환하는 과도기를 사회적 삼재팔난의 시기로서 정리하였다. 재난이 전면화·사회화되는 이 시기에 불교는 '사회의 여러 영역과 상호작용하며 그 과정에서 다양한 집단/세력/개체들과 공존하고 협력하고 연대하는 불교', 즉 공공불교의 역할을 담당해야 한다.

코로나19 팬데믹 발생 이후, 재난의 사회적 의미는 더욱 강화되었고 일상화되었다. 기후위기와 핵에너지가 초래하는 위험은 여전하며,

74

전염병에 의한 재난 가능성은 더욱 커질 것으로 추측된다. 코로나19 대응 과정에서 사회적 약자에 대한 배려는 약해졌고, 혐오의 시선은 더 강화되고 노골화되었고, 사람들은 더 파편화되었다.

기능적으로 분화된 현대사회에서 공공영역의 무책임성이 강화되는데 이를 감당할 수 있는 가치는 오직 종교에서만 가능하다(박문수·유승무·이상철, 2020: 17). 이 때문에 종교는 더욱 실천적으로 이 문제에 접근해야 한다. 사회는 기능체계로 분화되어 있어도 연기론의 관점에서 개인의 삶과 전체사회는 분리되지 않는다. 분리된 것처럼 보여도 상호작용하며 연결되어 있다. 사회문제를 종교문제로 인식하고, 적극적으로 이슈화하려는 노력이 요구된다. 불균형과 양극화, 혐오, 배제, 차별, 고립 등과 같은 사회적 의제를 불교의 의제로 받아들여야 한다. 사회적 재난의 시기에 불교의 역할은 사람들의 삶에 주목하고, 그들의 행복과 이익을 증진하는 것이어야 한다. 문명전환의 전망에서 확인할 수 있듯이 일상에서의 고통/어려움이 증가하였다. 이러한 측면에서 우리의 '일상'은 달라져야 한다. 이때 변화는 의도적인 노력을 동반한다. 그리고 이러한 의도적인 노력을 위해서는 불교의 역할, 즉 다른 사회체계에 대한 불교적 실행이 요구된다. 이러한 불교적 실행을 위한 불교가 공공불교이다.

공공불교는 붓다가 발견한 연기적 세계관과 불성에 기초하여 공공성과 사회적 책임을 강조한다. 구체적으로 공공불교는 성찰체계로서의 역할을 담당하고, 공공선(많은 이들의 행복과 이익)을 증진하는 데 기여하고, 공적 담론에 적극적으로 참여한다. 이를 위해 사회적 의제에 관심을 가지고 불교적 관점에서 해석하려 노력한다. 나아가 공공불교의 관점에서 불교 신도 개인의 신행활동은 각자의 삶에 머물지 않고 공적 영역에서 발현되어야 한다. 이를 위해서는 공공성의 관점에서 신행생활을 점검할 필요가 있다. 보다 심층적으로는 교학 및 수행체계, 교리 등도 현대적으로 재구성하고 재해석하는 노력이 뒤따라야 한다.

특히 수행체계는 매우 중요한 영역이다. '경쟁'이 공정의 가치를 독점하고, '속도'가 효율을 대체하고, '불안과 초조함'이 일상을 점유하고 있는 오늘날 한국사회에서 많은 사람이 치유와 힐링을 위해 불교의 수행, 특히 선수행에 관심을 보이고 있다. 선수행은 개인의 치유와 힐링을 넘어 사회(혹은 시대) 전환의 토대를 제공할 수 있다. 선禪은 연기법을 통해 인식 전환을 가능케 하는 힘을 가진 수행법이다. '사회의 자각을 위한 수행'이란 관점에서 선수행에 대한 재평가와 사회화를 위한 적극적인 노력이 요청된다.

제 2 부

문명전환기, 불교 응답하다

III. 문명전환기,
불교의 관점에서 기본소득 이해하기

– 초기 승가공동체를 중심으로[1]

기본소득 논의의 배경에는 신자유주의 정책의 전면화 이후 심화한 불평등과 4차 산업혁명으로 인간의 일자리를 신기술이 대체할 것이라는 전망, 코로나19 팬데믹 상황에서 지급된 재난지원금의 경험 등이 섞여 있다. 때문인지 기본소득에 대한 이해는 지금 당장 시행할 수 있다는 입장에서부터 오히려 불평등을 악화시킨다는 입장까지 그 스펙트럼이 매우 넓다. 이러한 넓은 스펙트럼에도 불구하고 기본소득의 개념에 대해서는 일정한 합의가 존재한다. 즉 기본소득은 재산이나 소득의 많고 적음, 노동 여부나 노동 의사와 상관없이 개별적으로 모든 사회구성원에게 균등하게 지급되는 소득이다.

---

1 『불교와 사회』 13(2), 중앙승가대학교 불교학연구원, pp.116~149 수록.

　이러한 기본소득에 대해 불교계의 관심은 비교적 높다. 그리고 논의의 방향이 아직은 '승가공동체' 기본소득제도 실현을 지향하고 있지만, 제도 실행 경험과 관련 담론이 축적되면 논의 방향이 사회를 향할 가능성이 매우 크다고 생각한다. 이러한 추측은 불교에는 기본소득에 관한 철학적 기반과 기본소득 실현을 위한 제도적 기반, 역사적 경험을 갖추고 있다는 생각에 근거하고 있다. 불교의 오랜 역사를 검토하면, 공동체의 자산을 공유하여 구성원들의 실질적 자유를 보장하고 이를 통해 깨달음의 추구와 자비실천이라는 출가자의 본분에 충실하도록 설계된 공동체를 유지한 역사적 경험과 이를 위한 정당화 근거 및 실현을 위한 제도를 확인할 수 있다.

　저자는 이 역사적 경험을 '정책실험'의 관점으로 재구성하고자 한다. 즉 기본소득의 전면적 실행을 위한 정책실험으로 승가의 역사적 경험을 살펴보고, 이를 통해 모든 구성원에게 '협상력'을 제공하여 시민의 권리를 지킬 수 있도록 하는 기본소득의 가치를 이해하고자 한다.

1. 들어가는 말

기본소득이 이슈의 한복판에 있다. 20대 대선 때의 논의는 특정 후보의 정책에서 비롯되기는 했지만, 논의가 활성화된 배경을 그 하나로 단순화하기는 어렵다. 기본소득 논의가 활성화된 배경에는 신자유주의 정책의 전면화 이후 심화한 불평등과 4차 산업혁명으로 인간의 일자리를 신기술이 대체할 것이라는 전망, 코로나19 팬데믹 상황에서 지급된 재난지원금의 경험, 불안정노동의 확산 등의 이유로 개선의 여지가 없는 사회적 불평등과 양극화 등이 섞여 있다.

때문인지 기본소득에 대한 의견은 지금 당장 시행할 수 있다는 입장에서부터 오히려 불평등을 악화시킨다는 입장까지, 그리고 좌파에서 우파까지 이념적 스펙트럼도 넓다. 또한 기본소득에 대한 학술적•정책적 논의도 기본소득 아이디어를 소개했던 2000년대 초반의 제1기, 기본소득에 대한 학술적 논의가 활성화된 2010년 전후의 제2기를 지나서, 현재는 기본소득에 대한 찬반 논쟁이 전개되고 있다(백승호, 2017; 백승호•이승윤, 2018).

기본소득의 아이디어는 단순하다. 재산이나 소득의 많고 적음, 노동 여부나 노동 의사와 상관없이 개별적으로 모든 사회구성원에게 균등하게 일정한 현금을 지급하자는 것이다(강남훈, 2010). 하지만 실현 가능성과 실제 효과에 대해서는 앞서 언급했듯이, 매우 다양한 의견이 존재한다.

기본소득제도에 찬성하는 사람들은 현재의 사회문제, 전환기의 문제, 미래사회의 문제에 대한 대안으로 기본소득이 기능할 것으로 기대한다. 반대로 기본소득에 반대하는 사람들은 찬성론자들이 기대하는 기능과 역할은 불가능하다고 주장한다. 복지수요의 진폭이 커지고 편재성이 커질 미래사회에서 복지 수요의 유무와 차이를 따지지 않고 급여를 원칙으로 하는 기본소득은 사회보장에 효과적이지 않다는 주장이다(양재진, 2018).

나아가 이들은 현재 세계 곳곳에서 실험 중인 기본소득제도 중에서 엄밀한 의미에서 기본소득의 핵심 개념을 충족하는 것은 스위스에서 국민투표에 부쳐져서 부결된 제도뿐이며, 나머지는 변형된 기본소득이라 주장한다. 여기에서 기본소득의 핵심 개념은 무조건성, 보편성, 충분성 등이며, 이러한 핵심 개념을 충족시키는 온전한 의미의 기본소득이 실현된 적이 없다는 주장이다.

하지만 저자는 기본소득의 핵심은 위에서 언급한 특성들이 아니라 기본소득이 지향하는 목적지향, 산업문명에서 생태문명으로의 전환을 위한 노력으로써 지속 가능한 삶의 양식을 위한 제도로 이해한다. 이러한 관점에서 현재 논의되고 있는 제도적 틀을 갖춘 기본소득이 구현된 경험은 없지만, 기본소득의 목적지향이 실현된 역사적 경험이 있다고 생각한다. 이 글은 바로 이 역사적 경험에 주목한다.

불교의 '승가(僧伽, Sangha)'는 원칙적으로 생산활동은 금지되었고 깨달음을 위한 수행과 추종자인 재가자들을 위한 교육과 축복 활동만이 허용되었다. 그래서 초기불교 시대 이들은 생존을 위해 매일 오전 음식을 빌기 위해 주변의 마을을 방문하여 탁발하였다. 생활에 필요한 물품들도 재가자들이 주는 것, 보시에 의존하였다. 재가자들은 출가수행자 또는 승가공동체에 보시하였고, 출가수행자들은 공동체를 통해 생활에 필요한 물적 조건을 보장받았다. 그리고 '깨달음'을 위한 활동과 공동체 활동, 재가자와 관련된 활동 등을 자유롭게 추구하였다. 공동체에서 구성원들이 희망하는 활동을 자유롭게 영위하도록 물질적 구속에서 벗어나 실질적인 자유를 향유할 수 있는 제도를 승가공동체는 구현하려고 노력하였고, 초기불교 시대에는 일정한 수준에서 그러한 조건을 만족시켰다.

오늘날의 용어를 빌리면 기본소득을 보장함으로써 탈노동화/탈상품화된 구성원들이 활동하는 모습과 그를 위해 공동체의 자산을 공유하는 모습을 승가에서 확인할 수 있다. 저자는 이러한 측면에 주목하여 초기불교의 승가를 매개체로 설정하여 기본소득을 둘러싼 논쟁을 검토한다. 그 후 산업문명을 넘어선 문명전환에 대한 상상, 즉 기본소득을 통해 구성원들의 실질적인 자유와 독립이 가능하다는 점을 주장하고자 한다.

2. 이론적 검토

1) 기본소득 논의 전개

기본소득 논의는 2000년대 이후 진보 진영의 시민운동으로 간헐적으로 제기되었고(한국재정학회, 2021), 2010년에 사회복지학계를 중심으로 본격적으로 학술적으로 논의되기 시작하였다. 그리고 2016년 이후 찬반 논쟁으로 발전되었다. 최근에는 학술적 차원을 넘어서 대중적 정치적 영역에서도 찬반 논쟁이 활발하게 진행되고 있다. 저자는 기본소득에 대한 비판을 정리하면서 기본소득에 대한 기본적인 이해를 제고하고자 한다.

기본소득에 대한 반대 입장은 주로 기능적 측면에서 기본소득의 가능성과 한계에 집중되었다. 양재진(2018)은 기본소득에 대한 비판을 종합적으로 정리하였는데, 그 내용을 인용하면 다음과 같다. 첫째, 일자리의 소멸은 없을 것이고 사회보험 사각지대도 심각하지 않아 기본소득의 필요성에 대한 주장은 타당하지 않다. 둘째, 기본소득은 과도한 재정소요로 시민들의 지지를 확보하지 못할 것이다. 결국 재정중립적 우파 버전의 기본소득이 현실화되고 사회보장 프로그램이 구축될 것이다. 셋째, 과도기적으로 기술변화에 대응할 수 있도록 시민들의 역량을 배양하는 정책이 우선되어야 한다. 직업훈련, 고용서비스와 같은 사회서비스가 위축되는 것은 피해야 한다. 넷째, 노동시간 감축, 일자리 나누기도 과도기적 대안일 수 있다. 다섯째, 인간은 무한한 욕망과 소비 욕구가 본성이다. 기본욕구도 상대적이어서 완전한 기본소득은 불가능하다. 여섯째, 현금배당은 사회서비스의 시장화를 강화할 것이고, 개인단위 급여는 가구원 수가 적을수록 소득보장효과를 떨어뜨릴 것이다. 일곱째, 기본소득은 욕구 중심의 사회보장 원리와 맞지 않는다. 여덟째, 좌파 버전의 기본소득은 임금노동의 가치를 부정한다(이상이, 2017; 양재진, 2018; 백승호·이승훈, 2018: 47-48).

이러한 비판 중에서 본 저자는 노동과 사회보장의 기본원칙은 욕구 중심이라는 비판에 주목하고 이를 검토한다. 이는 기본소득을 통한 실질적인 자유(혹은 실존적 자유)의 획득은 산업문명에서 생태문명으로의 전환 가능성을 열어주는 기능을 한다는 저자의 견해에 기초하고 있다.

(1) 인간의 욕구에 대한 이해와 반론

기본소득 비판론자들은 사회보장의 기본원칙을 '욕구'라고 규정하고 기본소득이 욕구에 기반한 분배원칙에 위배된다고 주장한다(양재진, 2018). 양재진(2018)은 "미래사회는 인간의 욕망을 충족시킬 수 있을 만큼 충분하게 풍요로울 것인가?"라는 질문을 던진 후에 인간의 욕망은 '결코 채워질 수 없는 것'이고 그 욕망에 기초한 소비도 끊임없이 발생한다고 정리한다. 그러면서 생태주의자들의 주장처럼 '사람들이 욕망과 씀씀이를 줄이는 것'은 불가능하고, 그래서 '미래사회에서도 인간의 욕망을 결코 충족시킬 수 없다'라고 정리한다.

욕망의 끝이 어디일지 모르지만, 한 가지 분명한 것은 끝없는 인간의 욕망 때문에 완전 기본소득의 실현은 요원할 것이라는 점이다. 완전기본소득의 수준이 노동에 구속되지 않고도 인간다운 삶을 유지할 수 있는 정도만을 목표로 한다 할지라도, 생산력의 증가와 함께 욕망이 증가하면 '인간다운 삶'의 수준도 덩달아 올라 갈 것이기 때문이다. 따라서 그 수준을 영위하는 데 필요한 비용 또한 계속해서 증가하게 될 것이다. 끝내 완전 기본소득은 성취되 기 어려운 꿈에 머물게 될 것이다(양재진, 2018: 65).

하지만 '원칙原則'을 사전적 정의인 '많은 경우에 두루 적용되는 기본적인 규칙이나 법칙'으로 이해한다면, 사회보장의 기본원칙은 모든 국민이 다양한 사회적 위험에서 벗어나 행복하고 인간다운 생활 을 향유할 수 있도록 기본권을 보장하는 것이다(사회보장기본법 제2조). 그리고 그 구체적인 실현은 사회의 정치경제적 맥락에 따라 상이하다. 일반적으로 사회보장제도들은 인구학적 기준과 보상적 기준, 소득기 준, 진단적 기준 등의 욕구 판정에 기초해서 기본원칙이 상이하게 적용된다. 욕구 기준은 사회보장의 원칙을 실현하는 과정에서 민주적 으로 합의되고 결정되는 기본원칙의 실현 범위와 수준에 관한 규정이 다(백승호·이승훈, 2018).

사회보장의 원칙이 '욕구 충족'이라고 하더라도, 인간의 욕구가 상대적이어서 결코 충족될 수 없다는 주장은 철학적·종교적·문화적 전통에 따라 다르게 해석될 수 있다. 서구의 개인주의적·개체 지향적 문화에서 욕망은 그 자체로 의미를 가지며 소중하다. 때문에 무한히 추구되어야 하는 것이다. 모든 인간은 자유/자율의 존재로서 남에게 피해를 주지 않는 한 누구의 간섭도 받지 않고 자신이 원하는 것을 무엇이든지 추구할 권리가 있다. 욕망에 대한 합리적/이성적 추구는 곧 자기 이익의 최대화를 의미한다. 자기 욕망에 따라 자기 이익을 최대한 실현했을 때 사회 전체의 이익도 최대한 실현된다는 공리주의가 사회적으로 인정되면서 욕망에 대한 도덕적 제한도 없어졌다. 이러한 욕망에 '무한성'이라는 속성이 더해질 때 소유 자체가 목적이 된다.

이와 달리 불교적 전통에서는 욕구는 절제되어야 하는 것이고, 절제될 수 있다고 이해된다. 나아가 욕망이 절제될 수 없다는 주장은 대표적인 서양적 사유로 생태문명으로의 전환과정에서 지양되어야 하는 것으로 이해한다. 불교는 소유(소유물)에 대해 집착하지 않으며 탐(진치)의 지멸이나 절제를 지향한다. 불교의 욕망 절제는 소욕지족, '욕망의 속박으로부터의 자유', '관계 속에서 욕망을 조절·포기하기도 하는 자유', '소유(욕)으로부터의 자유'를 지향하는 태도를 뜻한다(안옥선, 2002). 이러한 불교적 관점에서 기본소득은 사회구성원들에게 일정한 수준의 물적 조건을 보장함으로써 '욕망으로부터 자유'의 가능성을 열어줄 수 있는 제도이다.

(2) 노동 거부에 대한 비판과 반론

기본소득 비판론자들은 '탈노동/탈상품'을 '노동 거부'로 이해하며 비판한다. 기본소득 비판론자들은 기본소득은 노동의 가치를 훼손하며, 노동과 상관없는 필요에 따른 분배는 비윤리적이라고 비판한다.

> 현대사회에서 대부분의 노동은, 토마스 바세크의 지적대로 "삶의 기반을 마련해주고, 우리를 사람들과 연결해주며, 삶에 의미를 부여해준다. 노동은 돈을 벌기 위한 수단에 그치는 것이 아니다. …… 노동은 그 자체로서 이미 하나의 목적이며, 좋은 삶을 영위하기 위해서는 없어서는 안 될 내적 재화를 만들어낸다." 실업자에 대한 보호가 잘되어 있는 서구 유럽국가에서조차도 실업자는 행복하지 않다. 실업수당의 높낮이가 아니라 실업 그 자체의 충격이 매우 크다. 자본주의 사회의 임노동일지라도 직장에서 만드는 사회적 관계, 일을 통한 자아 성취와 자기 효능감은 기본소득으로 대체될 수 없다(양재진, 2018: 67).

> 기본소득이야말로 '노동과 상관없는 필요에 따른 분배'이고, 기본소득을 '꾸준히 확대하여, 남부럽지 않게 살 수 있는 후한 수준'이 되는 순간이야말로, '게으르거나 이기적인 사람들의 천국이자 헌신적인 사람들의 지옥으로 귀결'될 것이다(박석삼, 2010: 310).

기본소득을 말리부의 서퍼들과 같은 자발적 실업자에게 무조건적으로 지급하는 것은 윤리적으로 정당화될 수 없다는 것을 확인

88

한다(김창근, 2020: 71).

김창근(2020)은 어느 사회구성체이든지 사회를 유지하기 위해서는 필요한 노동이 있으며, 노동으로부터의 해방은 사회적 필요노동을 고르게 절대적으로 단축하는 것에서 얻어지는 것이라 주장하며, 탈노동 혹은 노동 거부의 관점에서 노동과 연계되지 않은 기본소득을 통해서는 가능하지 않다고 비판한다. 나아가 기본소득이 노동과 무관하게 인간다운 혹은 최소한의 삶을 보장한다면, 사회는 결국 일하는 사람과 일하지 않는 사람으로 나뉘어 전자의 노력으로 후자를 부양하는 부당한 결과를 낳을 수밖에 없다고 비판한다. "건실한 신체를 가진 사람들이 타인의 노동에 의지하는 것은 공정하지 않다. …… 대부분의 노동자들은 올바르게도 그 제안을 게으른 이들이 근면한 사람들을 착취하는 비법으로 간주할 것"이라는 엘스터를 인용하며, 노동의 유무와 상관없이 무조건적으로 주어지는 기본소득은 윤리적으로 정당하지 않다고 주장한다.[2] 그러면서 기본소득을 옹호하는 많은 글은 반노동적인 성격이 보인다고 비판한다. 이처럼 기본소득 반대론자들은 기본소득의 '탈노동'은 노동으로부터의 해방이 아니라 노동으로부터의 탈주일 뿐이라는 입장이다.

---

2 이러한 주장은 소위 '복지병' 또는 '복지함정'을 연상시킨다. 익히 알려져 있듯이 복지병은 선별복지 제도 하에서 복지를 수혜 받는 사람이 일자리가 있더라도 더 이상 일을 하지 않고 복지로 살아가는 현상을 말한다(강남훈, 2016: 49). 결국 기본소득을 부자에게까지 지급함으로써 오히려 재분배를 왜곡하고, 일하지 않는 사람들이 많아질 것이라는 주장이다.

하지만 기본소득의 탈노동은 노동 거부를 의미하지 않는다. 기본소득이 말하는 '탈노동'은 자본주의적으로 상품화된 임금노동의 노예 상태를 거부하는 것이며, 임금노동을 자유롭게 선택할 수 있는 상태를 의미한다(심광현, 2015). 기본소득 옹호론자들은 시민들이 기본소득을 통해 착취에 기반한 임금노동에서 자유롭게 벗어남으로써 능동적·적극적으로 자신이 원하는 다중활동을 할 수 있는 기회를 가질 수 있을 것으로 전망한다(김교성 외, 2018). 아렌트(2021)의 주장처럼 인간의 조건으로서 노동과 작업, 행위로 구성된 활동적 삶이 가능하다. 백승호와 이승훈(2018)도 이러한 맥락에서 기본소득을 통해 노동(labour)을 넘어 환경보호활동, 정치활동 등의 일(work)과 활동(activity)이 가능하다고 주장한다. 즉 '사회적 유용성을 증대시키는 다양한 활동'은 탈노동을 통해 더욱 자유롭게 가능하다(금민, 2017: 18).

2) 기본소득에 대한 이해

(1) 기본소득의 목적[3]

다양한 스펙트럼을 가진 기본소득은 그 목적에 따라 두 가지로 정리할 수 있다. 첫 번째 목적은 시민의 온전한 자유를 담보해 줄 수 있는 물질적 조건으로 임노동 중심의 자본주의 분배체계를 시민권 중심으로 재편하는 대안적 사회체계의 구현체이다. 기본소득은 시장에서 노동을 팔지 않아도 기본생활을 유지할 수 있는 탈상품화(de-commondification)를 보장한다.[4] 이로 인해 자본주의 사회에서 생존을 위한 물적

---

3 석재은(2018)을 참고하여 정리함.

4 일부 기본소득론자들은 탈노동과 탈상품을 구분한다. 윤홍식(2017)은 탈상품화는

자원의 확보를 위해 가장 중요한 임금노동의 중심성을 약화시킨다. 기본소득은 자본에 대한 시민(노동자)의 협상력을 높여 진정한 자유를 보장한다. 이로 인해 기본소득은 '자본과 임노동의 생산관계 질서에 도전하는 변혁의 잠재력'도 지니고 있다(석재은, 2018). 따라서 기본소득은 최소한의 생활을 할 수 있는 수준이 되어야 하며, 이때의 생존권은 '시민'이라는 이유만으로 보장되어야 하는 '권리'이다.

두 번째 목적은 불완전하고 불충분한 사회보험을 보완하고 기본생활을 보장하는 보완적 소득보장체계를 지향한다. 더 이상 임노동 성과와 긴밀하게 연계된 사회적 위험 대응체계인 사회보험 방식의 사회보장체계가 제대로 작동하지 않는 현실에서 기본소득을 불확실한 후기산업사회에 조응하는 보완적 소득보장체계로 검토한다.

첫 번째 목적이 임노동을 대체하는 1차 분배방식에 대한 도전적 잠재력을 포함하고 있다면, 두 번째 지향은 복지제도 차원에서 2차 분배방식의 변화에 머물고 있다. 이러한 기본소득은 생산주체의 입장에서 유효 수요를 적절히 창출하여 경제 순환을 원활하게 하기 위한 최소한의 소득이전이며, 현실적인 필요를 충족하기 위한 소득보장

자본주의 사회에서 일시적으로 임금노동을 수행하지 않아도 적절한 생활을 보장받는 권리이며 권리의 유무가 아닌 그 수준이 중요한 개념이라고 정리한다. 반면에 탈노동화는 임금노동과 그 어떠한 직간접적인 연계를 갖지 않는 권리개념으로 구분한다. 유급노동를 포함하여 무급돌봄과 같은 공익 활동을 하지 않아도 인간다운 생활을 보장받을 권리이다. 이러한 관점에서 그는 기본소득은 탈노동화를 목표로 한다고 주장한다. 하지만 두 개념 모두 노동력의 상품화와 생존 가능성 사이의 연결고리를 해체하는 것을 의미한다는 점에서 동일한 개념이다. 탈상품화 이후 탈노동의 유무는 개인의 선택일 뿐 중요한 고려사항이 아니다.

방편으로 이해되기도 한다.

(2) 기본소득의 정당화 근거/재원 마련

앞에서 정리한 두 가지 기본소득의 목적 중에서 저자는 기본소득을 대안적 사회체계의 구현체로 이해한다. 이는 기본소득을 시민의 권리로 이해하고 있음을 뜻하며, 더불어 이를 정당화하기 위해 '공유자산'의 개념을 동원할 것임을 암시한다. 기본소득을 찬성하고 지지하는 학자들은 대부분 기본소득의 정당화 근거이자 재원 마련 방법을 공유자산의 수익에 대한 배당과 긴밀하게 연결하여 설명한다.

기본소득의 정당화 근거이자 재원인 '토지의 지대'는 토지의 독특한 특성에 의해 발생한다. 토지는 생산이 불가능한 재화이다. 토지의 양은 고정되어 있어서 한사람이 더 많이 차지하면 그만큼 다른 사람이 소유할 토지는 줄어든다(남기업, 2014). 토지의 요소소득인 지대는 바로 이러한 독특함에서 기인하여 발생하는 소득으로 생산에 기여한 대가인 노동의 임금, 자본의 이자와는 다르다. 즉 토지의 지대는 토지소유자의 노력의 산물이 아니라 사회가 만들어낸 가치이다(George, 1997: 352-353; 남기업, 2014: 98에서 재인용).

이러한 관점에서 기본소득론에서 자주 언급되는 토마스 페인(Thomas Paine)은 『토지정의』에서 땅을 개간한 사람이 땅 그 자체에 대한 소유권을 가질 수 없고 오직 개간으로 가치가 늘어난 부분에 대한 인공적 소유권만을 가질 뿐이며 땅 그 자체는 모든 인류의 자연적 소유라고 주장하였다(양재진, 2018). 이러한 페인의 관점에 따르면 기본소득은 원래 모두에게 속했던 토지의 수익 일부를 모두에게 다시 돌려주는 것이다(금민, 2017). 기본소득은 원래부터 각자의 몫이었던 것을 각자에게 돌려주는 것으로 정의와 권리의 실현이다. 헨리 조지(Henry George)도 빈곤을 야기하는 가장 큰 원인은 인간이 만들지 않는 토지를 특정인이 소유할 수 있도록 하는 토지사유제에 있다고 하였다. 빈곤과 토지문제 해결을 위해 기존의 소유관계를 인정하되 토지에서 발생하는 가치인 지대를 모두 환수할 것을 제안하였다.

이처럼 기본소득을 지지하는 학자들은 개인의 노력과 무관하거나 혹은 사회의 모든 구성원들이 그 생산에 참여한 자산에 대해서는 특정한 개인이 그 결과를 독점하는 것에 반대한다. 이러한 측면에서 공유자산인 '토지'는 인간이 만들지 않은 모든 것을 상징한다(남기업, 2014). 땅과 하천, 천연자원, 생태환경, 최근에는 주파수 대역과 빅데이터까지도 포함한다.[5]

인지자본주의로 전환되는 오늘날 자연적 공유자산보다 사람들이 참여하여 생산되는 지식공유자산의 중요성이 더욱 커지고 있다. 1978년 노벨경제학상을 받았던 하버트 사이먼은 보편적 기본소득을 확립하는 것은 물적 자원이나 지적 자원이든 상관없으며, 그리고 사회가 생산하는 것을 생산하도록 만드는 자원의 상당한 부분에 대한 공동소유권을 인정하는 것과 같다고 주장하였다. 그리고 그 이유로 모든 소득의 90%는 이전 세대에 의해서 축적된 지식의 외부효과에서 유래하는 것이기 때문이라고 하였다(Simon, 2001). 반 빠레이스(Van Parijs, 2016)는 일자리도 공유해야 하는 자산으로 인식한다.

---

5 토지의 경제학적 개념에 대해서는 이정전(2015: 3-4) 참조할 것.

(3) 기본소득의 구성요소

우리는 기본소득을 '물질적 독립을 통해 개인을 자유롭게 하고 스스로의 삶을 결정하도록 장려하는 제도'로 이해하였고, 이를 위해서는 사회의 공유자산을 공유하는 제도가 필요하다는 점도 확인하였다. 이러한 관점에서 기본소득제도의 진짜 혹은 가짜 판별기준은 제도의 목적에 두어야 한다. 하지만 기본소득 반대론자들은 작금의 다양한 기본소득의 아이디어들이 '노동의 여부와 의사를 묻지 않고 생계보장이 가능할 만큼의 현금을 보편적으로 지급한다는 기본소득의 핵심개념'을 충족하지 못하기 때문에 '가짜'라고 주장한다(이상이, 2017). 하지만 모든 사회구성원의 실존적 자유가 가능한 사회를 지향하는 기본소득 기획에 이러한 비판은 부당하다. 기존의 현실 사회복지제도들도 시행 초기부터 제도가 추구하는 핵심 개념을 충족하지는 못했다.

문제는 기본소득을 찬성하거나 반대하는 그 어느 쪽도 탈노동하면서도 실존적 자유를 향유하는 사회/공동체를 경험한 적이 없다는 사실이다. 아직까지 모두 '사고실험'으로 그러한 공동체를 상상한다. 그리고 그 결과로 기본소득의 핵심 구성요소를 ①시민권에 기반한 무조건성, ②모든 시민에 대한 기본소득 보장에 대한 보편성, ③급여수준의 충분성으로 정리한다.

첫 번째 기본소득의 핵심 요소는 시민권에 기반한 무조건성이다. 어떤 정책에 조건을 부여한다는 것은 대상자의 자격에 제한을 가함을 의미한다. 기본소득에서 무조건성 원칙은 기본소득 수급권이 노동이나 기여를 조건으로 하지 않고, 개인이 소득으로부터 완전하게 독립되어 결정되어야 함을 의미한다. 기본소득은 시민권에 기반하여 어떠한 자산조사 없이, 노동 능력에 대한 평가 없이, 이전의 노동 기여 실적과 관계없이 일정한 소득을 보장하는 것이다. 금민(2010)은 특정한 취득 조건에 결부된 권리에 불과한 소유권에 대비하여 기본소득을 '무조건 적인 권리'로 정당화하기 위해 지구에 대한 만인의 공유共有 개념을 도입한다. 인종적 차이, 성별, 이주, 장애 여부 등 어떤 특수한 차이와 무관하게 만인은 모두 등등한 인간이라는 '보편적 인간 자격의 공화국' 의 구성원으로서 누구나 충분한 기본소득을 통해 일정 수준에서는 사회적 조건의 '공통성'을 가질 수 있어야 한다고 주장한다.

두 번째 핵심 요소는 모든 시민에 대한 기본소득 보장의 보편성이다. 보편성은 어떤 정책이나 제도에서 포괄하는 인구집단의 범위와 관련된 개념이다(서정희·노호창, 2020). 엄격한 의미에서 기본소득은 특정 인 구집단이 아니라 전체 인구집단을 포괄한다. 기본소득이 보편적이기 위해서는 특정 범주, 상황이나 특정한 속성을 가진 사람으로 대상이 제한되지 않아야 한다. 기본소득은 시민권이나 공인된 거주권으로 대상자의 범주를 제한한다(서정희·백승호, 2017).

세 번째 핵심 요소는 급여수준의 충분성이다. 탈상품화를 기능하게 하려면 노동소득을 대체할 수 있는 충분한 수준의 급여수준이 보장되 어야 한다. 급여의 충분성을 가름하는 한 사회의 수준은 공식 최저생계 비나 최저보장급여 수준을 참고할 수 있을 것이다. 기본소득에 더하여 임금노동을 통해 노동소득을 더 보충할지 하지 않을지는 개인의 선택 이다(석재은. 2018). 중요한 것은 기본소득으로 최저생활이 가능할 정도의 급여수준을 충분하게 보장함으로써 임금노동이 진정한 자유로 운 선택이 될 수 있어야 한다는 점이다.[6] 이러한 관점에서 금민(2010)은

기본소득은 개인의 물질적 독립성을 충분히 보장할 수 있어야 한다고
주장한다.

3. 기본소득의 목적 실현으로서 승가의 경험

이 글은 기본소득을 '새로운 사회와 삶의 양식을 위한 제도'로 이해하고,
이러한 제도가 구현된 역사적 사례로서 초기불교의 '승가'에 주목한다.
승가는 모든 구성원의 실질적 자유가 보장된 공동체이며, 이를 위해
공동체의 자산을 공유하고 이를 공평하게 배당하였다. 아래 〈표 1〉에서
볼 수 있듯이, 초기에 기획된 승가의 공유제도는 그 목적과 재원
마련 근거, 구성요소의 내용이 오늘날 기본소득의 이념형과 많은
부분이 유사하다.

특히 승가의 공유제도와 기본소득의 목적은 '공동체 구성원들의
실질적 자유 보장'이며, 이를 위한 공동체의 자산을 공평하게 배당한다
는 원칙에서 공통점이 있다. 현금급여 지급을 통한 물적 수준 보장은
이를 위한 수단이란 위상도 확인할 수 있다. 따라서 우리는 승가를

---

6 충분성에 대해 판 파레이스(2016)는 다소 유연한 입장을 보인다. 실제 지급되는
   기본소득 수준이 노동소득을 보완하는 미미한 수준일지라도 무조건성이 충족되면
   기본소득의 정체성을 훼손하는 것으로 보지 않는다.
7 이 글에서 주목하는 '승가'는 역사적 사례로서 승가와 이상적 모델로서 승가
   두 가지 의미를 모두 가지고 있다. 이는 저자가 주목하고 있는 승가는 특정한
   시기(초기불교 시대를 중심으로 부파불교 시대와 초기 대승불교 시대를 아우르는 시기)
   에 활동한 역사적 승가이며, 동시에 붓다의 가르침이 구현된 모범적 승가라는
   특성을 모두 가지고 있기 때문이다. 이러한 점에서 저자는 승가를 공동체의

통해 기본소득이 지향하는 바가 성취된 사회의 모습을 확인할 수 있다.

〈표 1〉 기본소득의 이념형과 승가의 공유제도 비교

		기본소득 이념형(핵심 개념)	승가 공유제도
종합	목적 (종합적 평가)	모든 시민, 모든 시기 탈상품화를 통한 실질적 자유 보장	모든 출가수행자가 생산활동에 종사하지 않고 수행할 수 있는 실질적·실존적 자유 보장
	정당화 근거/ 재원 마련	공유자산 배당	승물/불물/탑물(공유자산) 배당
구성 요소	적용범위 (보편성)	모든 시민	모든 승가 구성원 (출가수행자)
	수급자격 (무조건성)	무조건(시민권 기반)	무조건 ('출가' 기반)
	급여수준 (충분성)	최저생활보장 수준 급여 (생계급여 이상)	생활과 수행에 적절한 수준 보장

자료: 석재은(2018), p.117을 참고하여 저자 정리

1) 승가 내 공동체 자산의 공유와 정당화 근거

(1) 승물의 공유

초기불교 교단에서는 출가자들의 생산활동은 엄격하게 금지되었다. 오직 탁발과 보시받은 물품의 분배를 통해서만 생존과 생활에 필요한 것을 획득할 수 있었다. 구족계를 받은 비구로서 인정되는 출가수행자

이상理想으로 이해한다. 또한 이 책에서 여러 차례 반복되는 문명전환이란 관점에서 초기 승가는 생태문명에서의 공동체를 엿볼 수 있는 역사적 사례로 분석될 수 있다고 생각한다.

들은 승가에서 보시물을 분배할 때 그 분배에 참여하며 승가 공공의 여러 가지 생활도구의 사용이 허가되었다. 즉 물질적·경제적으로 개인생활이 완전히 보장되었다(미야사까 유쇼, 2013).

이처럼 승가의 공동체 자산 분배 방식은 승물僧物 관리를 통해 확인된다.[8] 승물도 현전승물과 사방승물로 구분하여 그 처분권과 관리권을 구분하였다. 특정한 개인을 지목하지 않고 승가에 바쳐진 가분물加分物이나 음식·의류·발우 등 개인에게 시주한 물건, 단기간에 소멸될 가능성이 큰 물건은 현전승가[9]에 귀속되었다. 토지·건물 등의 부동산과 방사房舍나 의자, 침상 및 오랫동안 사용할 수 있는 물건들은 승가 내부에서 오랫동안 공동으로 사용할 수 있도록 사방승가[10]의 소유물, 즉 사방승물에 포함되었다. 부동산이 출가자 개인에게 시주되었더라도 사방승물로 귀속되었다(이자랑, 2012).

사방승물은 어떤 현전승가에 위치해 있든지 그 처분권은 사방승가에 있었다. 이는 현전승가는 오직 관리권만을 가지고 있었고, 오늘날과 같은 소유권을 행사하지는 못했다. 관리권만을 행사할 수 있었기 때문에 다른 현전승가에 속한 구성원(비구)이더라도 사방승가의 구성원 자격으로서 사용에 제한이 없었다. 나아가 타지에서 온 비구가

---

8 이 장의 주요 내용은 저자의 2016년 논문을 주로 참고하여 정리하였고, 특별한 경우를 제외하고는 인용출처를 표기하지 않았음을 밝힌다.
9 현전승가란 일정한 경계를 기준으로 형성된 승가로 실질적으로 함께 의식주 생활을 하고 갈마를 하는 기준이 되는 승가이다(이자랑, 2012).
10 사방승가는 모든 현전승가를 결합하는 개념으로, 시간적 차원에서 과거·현재·미래의 모든 현전승가도 포함한다.

승물을 이용하도록 도와야 하는 의무가 있었다. 사방승가의 모든 구성원은 사방승물이 어디에 있든 사용할 권리가 있었다. 여러 지역에 분포한 현전승가의 시설은 모든 비구가 전체 승가의 시설로서 소유되고 사용되었다. 이는 승가 내 재화의 공유(혹은 분배)가 '출가'라는 자격에 입각한 무조건적인 권리라는 점을 말해준다.

이러한 공유제도는 깨달음을 추구하는 승가의 목적과 이를 위한 수행을 고려할 때, 비구들에게 실질적·실존적 자유를 가져다주었을 것이다. 출가자들은 생계와 생활을 위한 활동에 구속되지 않고 수행에 집중할 수 있는 조건이 공동체 차원에서 보장되었다. 깨달음과 수행이란 활동을 자유롭게 실천하기 위해 물질적 구속 상태에서 벗어날 필요가 있었기 때문이다. 승가의 설계자인 붓다의 관심은 물질에 대한 욕망과 집착에서 벗어나는 것에 있었다(이자랑, 2012). 물질에 대한 욕망과 집착을 승가는 공동체 자산(재화)를 공유하고, 개인소유가 허락된 물품도 필요 이상 소유하는 것을 제한함으로써 해결하였다. 또한 승가를 현전승가와 사방승가라는 개념으로 구분하여, 승물의 소유권과 점유권, 사용권을 분리하였다. 때문에 사방승가의 모든 구성원은 필요에 기초한 이용이 가능하였다. 이러한 공유제도 아래에서 승가의 구성원들은 개인적 수준에서 물질적 구속에서 독립하였다.

(2) 승가 자산의 분화, 승물과 탑물/불물[11]

승가의 공유자산은 붓다 입멸 이후 탑물塔物 또는 불물佛物로 구분되는

---

11 미야사까 유쇼(2013)를 주로 참고하여 정리함.

공동체 자산 유형으로 분화되었다. 대승불교의 기원이라 여겨지는 불탑신앙은 붓다의 유골을 납골하기 위해 인도 각지에 세워진 불탑을 중심으로 발달하였다. 붓다 입멸 이후 붓다를 기념하는 탑(후에는 불상)이 신앙이 대상이 되었고 이를 향한 보시가 행해지게 되었다. 이때 그 기증물은 탑물 혹은 불물로서 승물과는 구분되었다(미야사까 유쇼, 2013).

이에 보시물이 어디에 행해진 것인가를 둘러싼 논쟁이 있었다. 기증처에 따라 보시물의 성격, 즉 소유권과 분배권이 달라지기 때문이다. 초기에는 사방승가, 즉 승가의 대중 전체에 행해진 사방승물로 이해되었다. 이후 부처님과 사방승가, 승가보다 더 높은 지위에 선 붓다(탑 또는 불상)에 대해서 행해진 것으로 이해되었다. 이러한 변화는 붓다의 위상과도 긴밀하게 연결된다. 같은 시기에 붓다가 승가 가운데 존재하는가 아니면 붓다는 전적으로 승가와는 다른 별개의 존재인가라는 논쟁이 있었고, 역사적 과정을 거치면서 붓다는 승가와는 다른 존재라는 인식이 강하게 되었다.

하지만 여전히 일부 부파는 붓다를 재세 시와 동일하게 승단의 일원으로 인식하며 그 의식衣食의 분배도 다른 구성원과 동일하게 하였다. 반면에 붓다가 좀 더 높은 위상을 차지하는 부파에서는 불물과 사방승물은 구분되어 관리되었다(이재창, 1973: 129). 상좌부는 불물과 승물의 구분을 엄격하게 적용했지만, 대중부와 유부는 그렇지 않았다. 그래서인지 탑물을 승가용으로 유용하여 분배하는 일은 일시적인 대용貸用으로밖에는 허용하지 않는다는 규정과 규정 외의 것을 갖고 있었기 때문에 몰수처분을 받은 승려의 재물이나 금전은 모두 무진장의 탑물 속으로 들어가지 않으면 안 된다는 규정도 생겼다(오노 신조, 1992: 118).

불물(탑물)은 붓다에 속하는 것으로 승가의 구성원은 그것을 자유롭게 이용할 수 없었다. 주목되는 점은 보시의 귀속처가 붓다인 경우에는 자산의 분배와 사용처가 보다 확대된다는 점이다. 초기불교 시대에는 보시물은 승가의 공공재이기 때문에 출가수행자들은 자신에게 분배된 물품이더라도 이를 다른 사람에게 주는 것이 허용되지 않았다. 포교와 교화활동을 위해 전용하는 것도 허용되지 않았다. 하지만 불물을 관리하는 불탑신앙의 보살집단에게는 사람들을 대승에 귀의시키기 위해서 물질적인 시여를 하면서 재시와 법시를 병용하는 것이 허용되었다. 즉 붓다에게 시여된 재화는 보살집단을 매개로 하여 일반사람들에게도 재분배되었다. 대승불교 사상의 영향으로 불물이 사회적 생산물이라고 강조된 것으로 이해된다.

2) 승가 공유(기본소득)제도의 목적

승가에서 출가수행자들이 물적 구속에서 독립하도록 공동체를 설계한 이유는 깨달음의 추구로 대표되는 '활동'을 보장하고, 공동체 구성원으로서 권리를 실질적으로 보장하기 위해서였다.

(1) 깨달음을 위한 실질적인 활동

초기불교 승가의 목적은 '깨달음', 곧 해탈열반이다. 이는 승가가 화폐를 매개로 움직이는 시장/경제의 영역, 권력을 매개로 움직이는 정치의 영역이 아니라 법(dharma)을 매개로 움직이는 수행자들의 공동체라는 사실을 의미한다. 우리는 승가가 '법'에 의해 운영되는 공동체라는 사실에 주목해야 한다. 개인적 차원에서 구도생활과 수행을 위해 일정한 시간이 소요된다. 불교에서는 이 모든 시간이 수행이라고 한다. 이처럼 일상생활의 모든 순간순간이 '수행'이 되기 위해서는 현실적 측면에서 물질적 토대가 요청된다. 이는 앞서 정리한 공동체 자산의 공유를 통해 가능하였다.

공동체 자산의 공유를 통해 승가 차원에서는 승가의 교육과 전승을 위한 구성원들의 실질적인 활동을 유도할 수 있었다. 법을 함양하고 전승하기 위해서는 공동체 차원에서 구성원들을 대상으로 하는 교육과 양육이 요구된다. 이를 위해 승가 내에는 법랍을 기준으로 구성원들에게 교육과 양육을 위한 역할이 부여되었고, 물질적 구속에서 벗어난 승려들은 이 역할에 충실할 수 있었다.

빨리본에서 "아난다여, 지금 비구들은 서로에게 벗이라는 말로 대화한다. 내가 떠난 뒤에 그와 같이 대화해서는 안 된다. 아난다여, 나이 많은 비구는 나이 어린 비구에게 이름 또는 성 또는 벗이라는 말로 대화해야 한다. 나이가 어린 비구는 나이가 많은 비구에게 '대덕大德이시여' 또는 '구수具壽시여'라고 대화해야 한다"라고 하였다(원혜영, 2005: 133에서 재인용).[12] 이처럼 붓다는 승가에서 '법'에 의한 차이를 인정하고, 이는 공동체 유지를 위한 필요조건 중 하나로 인식하였다.

나이 어린 비구는 구참 비구를 존경하고, 신참 비구에게 존경을 받는 나이 많은 비구는 그에 합당하게 인자한 마음으로 이들이 승가에

---

12 '구수'는 나이를 갖춘 적당한 연령에 이르면 불리는 호칭으로 연륜을 동반한 호칭이다(원혜영, 2005: 134).

적응하도록, 그리고 출가자의 역할을 다할 수 있도록 도와야 한다. 붓다는 "나이 먹은 비구는 젊은이에게 마땅히 가엾이 여기는 생각으로 널리 보호하여 인자한 마음을 내고 혹은 의발과 발락, 허리띠 따위로 함께 서로 공급하여 모자라는 일이 없이 하여라"라고 하였다.[13] 『불반니원경』에서는 "서로서로 공경하고 받들기를 효도로 어버이 섬기는 것과 같이 하며, 장로 비구는 당연히 후배와 상좌를 가르치되 내가 있을 적과 같이 해야 한다. 후진後進 비구가 만일 질병이 있으면 장로 비구는 응당 관심을 가지고 잘 보살피고 간호하도록 해야 하며, 교리에 통달하고 경을 독송하며 부드럽게 잘 지도하여 부처님의 계를 지니게 하면 우리의 도가 오래 전해질 것이다"고 설명하였다.[14]

장로 비구의 의무는 후배 비구들을 잘 보살피는 것이며, 여기에는 경과 계를 온전하고 바르게 전달하는 것도 포함된다. 『맛지마 니까야』「들숨날숨에 대한 마음챙김경」에는 장로 비구들이 각자 여러 명의 신참 비구들을 경책하고 훈계하였고, 신참비구들은 이들의 경책과 훈계를 받아 차츰 고귀하고 특별한 경지를 알게 되었다고 기록되어 있다.

---

13 『根本說一切有部毘奈耶雜事』(T1451_24 p.399a06-399a08) 然大苾芻於小者處. 應可存情哀憐覆護生慈念心. 或以衣鉢鉢絡腰1條. 共相濟給勿令闕事.(The SAT Daizokyo Text Database)

14 『佛般泥洹經』(T0005_01 p.172b24-172b27) 轉相敬奉. 猶孝事親. 耆年比丘. 當教後嗣. 猶吾在時. 後進比丘. 若得疾病. 耆舊比丘. 當有乃心消息占視. 明教讀教. 喩誨以和順. 持佛戒. 吾道可久.(The SAT Daizokyo Text Database)

이와 같이 나는 들었다. 한때 세존께서는 유명한 여러 장로 제자들과 함께, 즉 사리뿟따 존자, 마하목갈라나 존자, 마하깟사빠 존자, 마하깟짜야나 존자, 마하꼿띠따 존자, 마하깝비나 존자, 마하쭌다 존자, 아누룻다 존자, 레와따 존자, 아난다 존자와 그 외 여러 잘 알려진 장로 제자들과 함께 사왓티에 있는 동쪽 원림의 녹자모 강당에 머무셨다.

그 무렵 장로 비구들은 신참 비구들을 경책하고 훈계하였다. 어떤 장로 비구들은 열 명의 신참 비구들은 경책하고 훈계하였고, 어떤 장로 비구들은 스무 명 …… 서른 명 …… 마흔 명의 비구들을 경책하고 훈계하였다. 그 신참 비구들은 장로 비구들의 경책과 훈계를 받아서 차차 고귀한 경지를 알게 되었다.〔대림스님 역 (2012). 『맛지마 니까야』 제4권 「들숨날숨에 대한 마음챙김경(118: 1-2)」〕

이처럼 재화를 공유함으로써 실질적 자유를 누린 출가수행자들은 공동체의 유지와 교육 및 양육의 역할을 법에 의해 역할을 부여할 수 있었고, 비구들은 그 역할에 충실할 수 있었다. 그래서 승물의 분배대상이 되는 구족계를 수여받는 것에는 까다로운 여러 조건이 요구되었다.[15]

---

15 『사분율』에서는 출가자와 구족계를 받은 비구/비구니를 분명하게 구별하지 않고 혼용하고 있지만, 빨리율에서는 이를 구분한다. 또한 승가가 구성된 초기에는 대부분 출가한 즉시 구족계를 받아 비구/비구니가 될 수 있었기 때문에 출가와 수구(受具; 구족계 수지)를 구분하지 않았다. 하지만 사미/사미니 제도가

(2) 공동체의 구성원으로서 독립된 권리 향유

물적 구속에서 독립한 승가의 구성원들은 공동체의 주요한 의사결정과정에 동등한 자격으로 참여하였고, 동일한 권한을 가졌다. 이는 승가화합의 토대가 되었다. 승가는 화합을 위해 공동체 내의 모든 일은 구성원이 모여 결정하였다. 공동체 구성원이 모여 승가의 일을 결정하는 것을 '화합'이라고 하였다. 화합에서는 승가에서 행하는 통상적인 일(행사)들과 일상생활에서 발생하는 여러 일들, 돌발적으로 발생하는 사건 등을 화합에서 결정하였다. 이 승가의 화합을 갈마(승가갈마)라고도 한다. 승가에서 발생하는 모든 것들이 갈마의 주제라고 할 수 있다. 이러한 갈마는 주제의 경중에 따라 단백갈마, 백이갈마, 백사갈마로 구분되어 진행되었다. 백은 오늘날의 용어로는 보고, 제안, 안건상정 등의 의미가 있으며, 상정된 안건을 심의하는 회수에 따라 백이갈마, 백사갈마로 구분된다.

갈마의 원칙은 전원참석과 만장일치이다. 전원참석은 형식적 원칙, 만장일치는 내용적 원칙이라 할 수 있다. 우선, 형식적 원칙으로 전원참석은 화합의 전제조건으로 여겨졌다.[16] 포살도 구성원 모두 참석하였는

생기고, 또 식차마나의 제도가 생겨서 일정한 기간이 지나야 구족계를 받을 수 있게 되었다. 즉 구족계를 수지한 비구/비구니의 지위에 오르기 전 예비 비구인 사미/사미니는 완전한 출가자로 인정되지 않았다. 이들은 언제라도 승가를 떠나 환속還俗할 수 있었고, 비구/비구니와는 다른 계율이 적용되었다. 사미/사미니가 되기 위한 출가의 경우에도 특별한 자격조건이 제시되지 않았다. 20세 이하의 남자는 삼귀의三歸依와 십계十戒를 선언하면 예비 비구/비구니인 사미/사미니가 될 수 있었다.

16 단백갈마는 이미 알고 있는 내용을 고지하는 화합이다. 이때에도 전원출석은

지를 확인하는 절차로 시작되었다.[17] 기본적으로 전원이 참석하지 않는 갈마는 여법如法한 갈마, 정당한 갈마로 인정되지 않았다. 정당하지 않는 갈마를 진행하는 것은 부정의 죄를 범하는 것이었다. 병 등으로 참석이 불가능한 경우에는 현재와 같이 참석을 위임할 수 있었다. 이 경우에는 갈마의 결정을 따라야 하는 의무가 부과된다.

갈마의 두 번째 원칙은 '만장일치 추구'이다. 이는 충분한 논의와 납득[18]할 수 있는 합의를 위한 전제로서 요청되었다. 전원참석 원칙과 불참자의 위임도 이를 위해 존재하는 형식이다. 따라서 갈마에서는 충분한 합의를 이루기 위해 다양한 방법으로 만장일치를 위해 노력하였고, 여러 노력에도 만장일치가 어려운 경우에는 별도의 갈마를

주요한 원칙이다. 승가에서 어떤 일을 하더라도 전원이 알고 있어야 한다는 의미이다.

17 『사분율四分律』에 따르면 포살이 시작될 때에 전원이 출석하였는지를 확인하기 위해 "승가는 모였는가, 화합하였는가?"라고 외치게 되어 있다(미츠오 ,58). 『사분율』은 출가승려가 지켜야 하는 계율이 기록된 계율서로 우리나라에서는 근본계율서로 인정되었다. 비구가 지키는 250계와 비구니가 지키는 348계가 기록되어 있다.(다음 백과사전)

18 『우리말 1000가지』(이재운 외, 예담, 2008)에 의하면, '납득하다'는 "남의 말이나 행동 따위를 잘 알아 이해하는 것을 가리키는 일본식 한자어"로 소개되어 있으며 이해하다로 대체가능하다고 되어 있다. 하지만 최근에 납득하다는 단지 이해하는 것에 그치지 않고, 이해된 내용을 긍정한다는 의미로 포함되어 있다. 일례로 "김 과장이 돌연 사표를 던진 이유를 도무지 납득하기 어렵다"라는 뜻은 사표를 던진 이유를 이해는 하지만 사표를 던진 행위를 긍정적으로 여기지는 않는다는 의미를 포함하고 있다. 이러한 관점에서 승가공동체에서 추구하는 합의는 정서적 합치까지도 추구한다.

진행하였다.

이때 별도의 갈마는 쟁사諍事갈마라고 하며, 구성원 사이의 대립이나 범계 사항을 둘러싼 다툼 등을 주로 다룬다. 쟁사갈마는 7멸쟁법滅諍法이라는 불리는 해결법을 기본으로 다툼의 성격에 맞는 멸쟁법에 따라 실행된다. 쟁사에서도 당사자와 구성원 모두가 납득할 수 있는 결론에 도달하기 위한 충분한 논의가 전제되었다. 충분한 논의가 되었다고 판단한 경우에는 다수결이나 여러 방법으로 결론을 도출하였다. 이러한 충분한 노력에도 모두가 납득하지 못하면 현전승가를 해체하는 경우도 있었다.

충분히 납득할 수 있는 결정을 위해 갈마를 통해 내려진 결정에 다시 이의를 제기하는 것이 금지되었다. 7멸쟁법에 의해 올바르게 해결된 쟁사에 관해서도 그 결과를 다시 번복하는 것도 금지되었다. 그러나 갈마 자체에 오류가 발견된다면 그 갈마에서 내려진 결정은 무효가 되었고 다시 갈마를 행할 수 있었다(이자랑, 2013). 쟁사를 일으킨 비구가 그 판정이 정당하게 이루어지지 않았다고 생각하면 다른 승가에 문제를 제기하고 다시 갈마를 받을 수도 있었다. 이처럼 초기 승가공동체는 갈마 그 자체나 판결 결과에 중대한 영향을 비칠 수 있는 증거가 확보되었을 경우에는 다시 갈마를 행할 수 있는 가능성을 마련해 두었다(이자랑, 2013: 240).

이처럼 승가는 논의할 안건에 따라 갈마의 절차를 달리 하였고, 충분한 합의에 이르기 위해 정당한 갈마의 조건을 규정하였다. 이러한 규정을 통해 갈마 참석자들은 모두가 납득할 수 있는 합의에 이르기 위해 충분히 노력하였다. 그럼에도 발생할 수 있는 가능성을 감안하여 재심의 절차도 마련하였다. 결국 승가는 모두가 납득할 수 있는 합의, 이를 위한 충분한 논의를 원칙으로 하는 의사결정구조를 마련하고 실천하였다.

4. 맺음말

불교계는 기본소득에 대한 논의와 실천이 상대적으로 활발하다. 불교 교리에는 이미 기본소득에 관한 철학적 기반과 기본소득 실현을 위한 제도적 기반이 갖추어져 있기 때문이다. 탐진치로 이야기되는 인간 본성과 그 지멸에 대한 논리, 연기론에 기초한 총체적·관계적 세계관, 그리고 무아와 무상으로 이해되는 공공성(사회성)이 그것이다. 여기에 더해 불교에는 공동체의 자산을 공유하여 구성원들을 물적 구속에서 벗어나게 하여 실질적 자유를 가능하게 하고 이를 통해 자유롭고 평등한 수행자들의 공동체를 운영한 역사적 경험도 있다. 이러한 이유로 인해 기본소득에 대한 관심이 높으며, 종단 내에서는 이를 실현하고자 하는 실제 움직임이 존재한다. 실제 일부 교구에서는 기본소득을 지향하는 제도를 시행하고 있다. 물론 아직은 '기본소득의 전면적 실현'을 사회를 향해 주장하고 있지는 않다.

이 글에서는 본격적인 논의를 전개하기 전에 기본소득에 대한 기존의 논쟁들을 정리하면서, 기본소득에 대한 이해를 제시하였다. 기본소득에 대한 다양한 비판 중에서 본 저자는 첫째, "채워질 수 없는 욕망과 끊임없는 소비가 인간 본성에 가깝기" 때문에 기본욕구를 충족시키는 기본소득의 실현이 불가능하며, 둘째 기본소득이 임금노동에 대한 정서를 부정한다는 비판에 주목하였다. 이러한 비판들은 지금의 사회 구조가 미래에도 여전히 유효할 것이라는 전제에 기초하고 있다. 하지만 많은 사람들이 동의하듯이 오늘날의 불평등과 양극화는 산업자본주의에서 인지자본주의로의 전환 과정에서 발생하는 구조적 문제이며, 현대 인류가 직면한 삶의 조건은 기후위기로 상징되는 한계에 봉착해 있다.

이러한 한계의 극복을 위한 노력이 산업(탄소)문명에서 생태문명으로의 전환이다. 저자는 이러한 전환의 노력 중 하나로 기본소득을 이해한다. 기본소득은 산업문명에 익숙한 혹은 산업문명을 유지하였던 삶의 양식을 지속 가능한 문명으로 전환하기 위한 노력이다. 이러한 관점에서 이 글에서는 기본소득 관련 정책실험으로 '승가'를 재해석하고, 기본소득은 새로운 사회를 위한 노력이라는 의미가 있음을 강조하고자 하였다.

첫째, 승가는 공동체의 자산을 공유하고 구성원들에게 정의롭게 분배하여, 공동체 구성원들은 물질적 구속에서 독립할 수 있었다. 승가 구성원들은 깨달음을 위한 수행에 집중할 수 있었고, 공유자산을 배분하는 방법 중 하나였던 사방승가제도를 통해 지역 간 교류도 활성화되었을 것이라 추측된다.

둘째, 승물 배분의 자격요건은 공동체의 가치에 동의하고 규범을 준수하는 것 외에는 없었다. 그리고 승가에 입단하는 동시에 사회의 차별적 요소들을 '출가'라는 단 하나의 자격요소가 대체하였다. '출가'를 통해 자격요건을 획득한 출가수행자들은 무조건적인 권리로서 공유자산을 공유함으로써 실질적 자유를 획득할 수 있었다.

셋째, 승가는 법에 의해 운영되는 체계로서 법/깨달음을 기준으로 구성원들을 구분하였다. 이를 통해 구참에게는 신참이 공동체 생활에 잘 적응하고 수행할 수 있다고 도와야 하는 의무가 부과되었고, 신참은 구참을 존경하였다.

마지막으로 공동체의 주요한 의제들을 다루는 민주적 의사결정구조를 갖추고 있었다. 물적 구속에서 독립한 승가의 구성원들은 공동체의 주요한 의사결정과정에 동등한 자격으로 참여하였고, 동일한 정도의 권한을 가졌다.

이처럼 승가 구성원들은 출가수행자라는 자신의 목표를 공동체 안에서 실질적으로 추구할 수 있었고, 이를 위한 생활과 수행의 과정에서 동반되는 물질적 부담/구속에서 자유로웠다. 출가자들의 독립성과 자율성, 민주성, 창조성은 재화의 공유를 통해 물질적 독립을 획득할 때 실질적으로 실현된다. 즉 누구나 권리 실현이 가능한 공동체, 차별과 배제가 없는 공동체는 모든 구성원이 동일한 존재로서 존중받고 의사 결정 과정에 참여하고 기본적인 생활을 영위할 수 있는 역량이 갖추어진 상태에서 가능하다.

승가는 공동체 자산의 공유와 분배를 통해 그러한 역량을 모든 구성원과 공유하였다. 즉 오늘날의 용어로 사용하면 기본소득제도를 통해 모든 구성원에게 '협상력'을 제공하여, 출가자로서의 위의威儀를 지킬 수 있도록 하였고 수행과 생활을 조화롭게 유지할 수 있도록 하였다. 기본소득의 조건인 보편성, 무조건성, 충분성은 개인들에게 진정한 자유와 역량을 충족시키기 위한 조건으로 이해되어야 한다.

이러한 측면에서 불교계는 '완전기본소득'을 강력하게 주장하고 그 실현을 위해 노력할 책무가 있다. 제도종교로서 불교, 특히 대한불교 조계종이 보유한 수많은 자산은 오랜 세월 이 땅에서 불교를 신앙하였던 사람들이 형성에 기여한 자산들이다. 선조들의 노력이 없었다면 존재할 수 없었던 자산이다. 그리고 그 성격은 앞서 언급한 불물佛物로서 승물과는 구분된다. 즉 조계종이 점유하고 있는 수많은 불물은 교리적으로 한국사회의 모든 구성원에게 재분배되어야 하며, 한국인들은 불물에 대해 그러한 권리를 가지고 있다고 할 수 있다. 이러한 관점에서 '기본소득' 실현을 위한 노력은 불교의 종교적 이상 실현이란 의미를 넘어, 사회적 회향이란 함의를 지니고 있다. 나아가 불교의 자산을 사회적으로 회향하는 노력, 일례로 복지사업 및 프로그램 실천 등을 통한 사회적 회향이 더욱 적극적으로 요구된다.

마지막으로 생태문명으로의 전환을 위한 제도로써 기본소득을 이해하는 저자의 관점을 고려하면, 현대 자본주의적 환경과 승가의 실험을 연관 지어 정책적·실천적 함의를 제시해야 한다. 이를 다루지 못한 아쉬움과 한계가 있다.

Ⅳ. 문명전환기,
불교 기반 인권의 필요성과 그 의미
– 플랫폼 노동을 둘러싼 새로운 갈등을 중심으로[1]

코로나19로 야기된 사회변화 중에서 사람들이 가장 많이 영향을 받은 것은 비대면 생활이다. 위드 코로나로 전환되면서 다시 대면 생활이 늘고 있지만, 일상생활 곳곳에 ICT 기술을 활용한 비대면 생활은 시민권을 획득하였다. 그 중심에는 디지털 플랫폼이 있다. 초기에는 디지털 플랫폼들이 온라인 공간과 이를 매개로 이루어지는 관계망을 활용하여 '공유경제'를 실현하고, 이를 통해 새로운 시대/사회로의 전환을 촉진할 것으로 예상되었다. 즉 ICT 기술을 활용하여 사람과 사람 사이의 관계에 존재하는 시·공간의 한계를 허물고, 오프라인에서 자유로운 소통과 교류, 공감을 방해하는 다양한 장애물을 무력화할

---

1 『선문화연구』(31), 한국불교선리연구원, pp.83~122 수록.

것이라 기대되었다. 디지털 플랫폼은 혁신의 상징이 되었다. 하지만 현재 디지털 플랫폼은 여러 사회문제와 사회갈등의 원인으로 비판받고 있으며 갑질과 불공정의 상징이 되었다.

이러한 반전은 무엇에 기인하는가? 디지털 플랫폼은 사람들 사이의 관계를 이어주지 못했다. 관계를 단절시키고 사람들을 단자화單子化시켰다. 그로 인해 나타난 현상 중 하나가 아파트 입주민과 배달 노동자들 사이의 갈등이다. 이 두 집단은 배달이라는 일거리로 연결되어 있는 것처럼 보이지만, 현재 플랫폼 노동의 구조에서 이들 사이에는 커다란 해자垓字가 존재한다. 그리고 이들은 '안전권'을 이유로 충돌하고 있다. 인권이 개체-지향적으로 이해되는 환경에서 분리되고 단절된 이들의 인권은 서로 관계 맺지 못하고 원자처럼 충돌하기 때문이다. 이러한 인권 충돌은 더욱 빈번하게 발생할 가능성이 크다. 저자는 이러한 문제의식에서 분리되고 단절된 관계에서 비롯되는 갈등 해결을 위해 불교 기반 인권 개념을 검토하였다.

1. 들어가는 말

코로나19가 발생하기 전부터 디지털 플랫폼에 기반한 서비스(이하 '플랫폼 서비스')가 기존의 오프라인 기반 서비스를 대체하였고, 코로나19 팬데믹 이후 비대면 생활이 권장되면서 더욱 급격하게 확산하였다. 플랫폼 서비스의 증가는 관련된 플랫폼 노동의 증가로 이어졌다. 2018년 기준으로 플랫폼 노동자는 대략 50만 정도로 추정된다. 이 연구에서 주목하는 배달 노동자는 2018년에 4만 3천 명에서 5만 2천

명으로 추정되었고, 1년 뒤에 진행된 한국노동연구원의 연구에서는 약 6만 6천 명으로 추정되었다. 이는 2018년에 비해 최소 1만 4천 명에서 최대 2만 3천 명 정도 증가한 수치이다(장흥준 외, 2019; 김영아·이 승호, 2019). 코로나19 발생 이후 급격히 늘어난 비대면 거래량을 통해 경험적으로 배달 노동자의 수가 급증했을 것이라고 추정할 수 있다.

ICT 기술(Information & Communication Technology, 情報通信技術)이 발달하고 일상생활의 많은 것들이 온라인 공간에서 가능해지면서 사람들은 온라인 공간을 희망적으로 바라보았다. 초기에는 디지털 플랫폼들이 온라인 공간과 이를 매개로 이루어지는 관계망을 활용하여 '공유경제'를 실현하고, 이를 통해 새로운 시대/사회로의 전환을 촉진할 것으로 예상하였다. 즉 ICT 기술을 활용하여 사람과 사람 사이의 관계에 존재하는 시·공간의 한계를 허물고, 오프라인에서 자유로운 소통과 교류, 공감을 방해하는 다양한 장애물을 무력화할 것이라 기대하였다. 디지털 플랫폼은 혁신의 상징이 되었다. 하지만 현재 디지털 플랫폼은 여러 사회문제와 사회갈등의 원인으로 비판받고 있으며 갑질과 불공정의 상징이 되었다.

이러한 반전은 무엇에 기인하는가? 디지털 플랫폼에 기반한 노동은 이전의 노동과는 다른 성격을 가지고 있어서 기존 노동 관련법의 적용을 받지 않는 등의 문제가 발생하고 있다. 때문에 플랫폼 관련 많은 논의들이 플랫폼 노동의 노동자성을 다루고 있다. 이 문제도 중요하다. 하지만 본 연구에서는 플랫폼 노동이 이루어지는 '관계'의 양상에 주목한다. 디지털 플랫폼은 사람들 사이의 관계를 이어주지 못하고 있다. 오히려 관계를 단절시키고 사람들을 단자화시키고 있다.

그로 인해 나타난 현상 중 하나가 아파트 입주민과 배달 노동자들 사이의 갈등이다.

이 두 집단은 배달이라는 일거리로 연결된 것처럼 보이지만, 현재 플랫폼 노동의 구조에서 이들 사이에는 커다란 해자垓字가 존재한다. 그리고 이들은 '안전권'을 이유로 충돌하고 있다. 인권이 개체-지향적으로 이해되는 환경에서 분리되고 단절된 이들의 인권은 서로 관계 맺지 못하고 원자처럼 충돌하기 때문이다. 이러한 인권 충돌은 더욱 빈번하게 발생할 가능성이 크다. 이 갈등은 ICT 기술 발달에 의해 만들어진 플랫폼 모델이 당연하게 공유와 협력을 가져오지 않는다는 사실을 말해준다. 오히려 플랫폼 모델은 지금의 사회문제와 사회갈등을 더욱 확대하거나 새롭게 변화시켜 문제 해결을 더욱 어렵게 할수 있다. 새로운 시대(혹은 사회)로의 전환을 준비하는 차원에서 우리는 이 갈등의 발생 원인을 분석하고 그 대응을 준비해야 한다.

저자는 이러한 문제의식에서 분리되고 단절된 관계에서 비롯되는 갈등 해결을 위해 불교 기반 인권 개념을 검토하였다. 플랫폼 노동의 한 유형인 배달 노동자와 아파트 입주민 사이에서 인권이 출동하는 근본적인 원인을 '연기'와 '인권'에서 분석하고, 그 해결방안으로 불교 인권을 제시하는 것이 목적이다. 이를 위해 이 글은 위의 갈등이 '관계'가 끊어진 단절사회인 한국사회에서 개체-지향적 인권들이 충돌하는 과정임을 논증하고, 플랫폼 노동을 '관계'의 측면에서 그 특성을 정리하였다. 그리고 연기에 기반한 불교 인권 개념을 통해 '관계'가 단절된 현대 한국사회의 문제점들을 파악하고 그 해결방안을 논의하였다.

2. 디지털 플랫폼과 플랫폼 노동

1) 시대전환과 공유경제, 디지털 플랫폼

플랫폼이란, 역에서 승객이 기차에서 타고 내리기 편리하게 설치해 놓은 구조물처럼 ICT 기술을 기반으로 주체와 객체가 연결되도록 한 매개체이다. 기술적으로 디지털 플랫폼을 통해 생산과 소비, 송신과 수신, 콜과 콜 캐치 과정은 중간단계를 거치 않고 시공간의 경계를 뛰어넘어 이루어진다(김영선, 2020: 91-92).

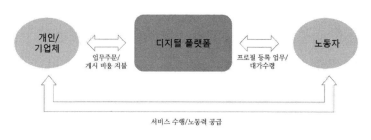

자료 : 최기산 · 김수한(2019); 유민상 외(2020)

〈그림 2〉 디지털 플랫폼 개념도

네트워크로 연결된 온라인 공간에서는 다수의 사람이 실시간으로 상호작용하는 것이 가능하다. 일찍이 경험했듯이 인터넷 커뮤니티는 누구에게나 열려 있으며 쉽게 접근할 수 있다. 이 공간에서 사람들은 시공간의 제약 없이 다양한 활동을 함께하며 동시에 자신들의 생각과 의견을 교류한다. 초기에는 단순한 메시지 보내기와 의견 공유, 댓글 기능에 머물렀던 기능이 기술의 발달로 정교한 정보검색이 가능해졌고 점차 개인이 가진 유·무형의 자산을 교환하고 거래할 수 있게 되었다.

이로 인해 인터넷에서 거래되는 물품은 생활용품과 자동차 등과 같은 유형의 자산에서 개인의 재능, 지식, 시간, 경험 등 무형의 자산으로까지 확대되었다(백경화·하은하, 2018).

ICT 기술이 집약된 디지털 플랫폼(이하 '플랫폼'으로 약칭함)은 이러한 온라인 커뮤니티가 보다 진화된 형태이다. 플랫폼 기업들에게 초기에 사회가 요구했던 혁신과 희망은 바로 이러한 역사에 기인한다. 플랫폼 기업들이 커뮤니티의 여러 특성 중에서 실용적인 정보교환과 경제적 리소스를 제공하는 거래를 지향하고 이를 통해 노동을 매개한다. 하지만 인터넷 커뮤니티들처럼 사람들 간의 관계를 구축하고 이를 통해 생산과 소비를 공유할 수 있기를 기대하였다. 한계효용이 제로에 근접하는 것이 실제 디지털 플랫폼에서는 가능하다고 생각되었다. 글로벌 플랫폼 기업과 스타트업의 70%가 '공유경제(sharing economy)'를 표방하였다(김예지 외, 2018). 이는 디지털 플랫폼을 활용한 자신들의 모델이 이전과는 다른 사회로의 전환, 즉 '시대전환'을 주도한다는 생각을 반영하고 있다.

공유경제는 생산된 재화와 용역을 여럿이 공유하며 사용하는 경제활동이다. 플랫폼을 통해 공동체적 가치가 실현되고 가치 창출과 가치 분배가 선순환되는 공유경제 모델이 가능할 것으로 생각하였다. 플랫폼을 통해 재화를 소유하지 않고 상호 간 빌리고 빌려주고 교환하고 공유하는, 전통적인 시장경제에는 없었던 생산과 소비에 주목하였다. 예를 들어, 차를 소유하지 않고 필요할 때만 이용할 수 있는 시간 단위 차 임대(SOCAR), 필요하지 않은 제품을 동네 사람들을 대상으로 파는 중고거래(당근마켓), 협력적 커뮤니티 방식으로 커뮤니티 내 사용자 간의 공간 공유(airbnb), 지식공유(위즈돔) 등 다양한 유형의 재화가 공유되고 있다(백경화·이은화, 2018). 공유 대상은 에너지, 자본, 노동, 경험, 시간 등으로 확대되고 있다.

공유경제를 위한 협력적 소비는 기본적으로 개인과 개인 사이에서 발생하는데, 이러한 개인 간 거래가 디지털 플랫폼을 통해 대규모로 그리고 더욱 손쉽게 가능하게 되기 때문이다(김민정 외. 2016). ICT 기술 발달을 통해 형성된 디지털 공간과 관계망, 즉 플랫폼에서 유휴자원을 제공하는 소비자와 그것을 이용하는 소비자는 더욱 쉽게 만날 수 있다. 협력적 소비를 희망하는 사람들을 매개하는 공간으로서 플랫폼이 기능함으로써 공유경제는 이전보다 활성화되고, 이를 통해 오늘날 인류의 생존을 위협하는 생태위기와 사회문제에 대응할 수 있는 공유경제의 가능성을 확인할 수 있기를 희망하였다. 과거 산업사회의 대량생산 대량소비 형태에서 환경오염과 자원고갈, 생태계 파괴와 같은 문제가 발생하였다는 성찰과 지속적으로 반복되는 세계경제위기를 극복하기 위해서는 유휴자원을 활용하는 경제로의 전환이 필요하다는 기대에 근거한다.

플랫폼 기업은 공유경제로의 혁신과 전환을 선도하는 행위자로, 플랫폼 노동은 공유경제에서 '교환'되는 중요한 서비스 형태로 간주되었다. 플랫폼을 활용한 공유경제 모델은 여전히 존재하지만, 극히 소수에 불과하다. 대부분은 플랫폼을 활용하여 획득한 데이터를 독점하고, 최종적으로 해당 시장도 독점한다. 그리고 예전 거대독점기업의 행태를 답습하고 있다. 더 이상 플랫폼 기업은 혁신과 희망을 상징하기보다는 이윤만을 추구하고 노동을 착취하는 기업으로만 인식되고 있다.

2) 디지털 플랫폼 노동

(1) 산업 시대 노동과 플랫폼 시대 노동

배달은 아주 오래전부터 존재했던 노동 방식이다. 하지만 최근 우리가 목격하는 배달의 구체적인 제공방식은 이전과는 다르다. 가장 대표적인 음식 배달의 경우, 소비자는 자신이 선택한 업체에 직접 연락해서 주문하고, 업체에 소속된 배달 노동자는 소비자가 주문한 음식을 원하는 곳으로 배달하였다. 하지만 최근에 소비자는 '디지털 플랫폼'으로 지칭되는 매체에 접속해서 주문하고, 서비스 이용자가 의뢰한 일거리는 디지털 플랫폼을 통해 업체와 배달업체에 중개된다. 음식점과 배달 노동자는 중개 받은 노무를 제공하고 그 대가를 플랫폼을 통해 지급받는다. '배달'이라는 용어와 음식을 주문하고 주문한 사람에게 그 음식이 전달된다는 점은 동일하다. 하지만 배달이 이루어지는 절차와 과정, 그리고 배달이 이루어지는 환경과 조건이 변화하였다.

플랫폼 기반 노동자는 서비스 이용자(고객)가 의뢰한 일거리를 중개받고 이에 대한 노무를 제공한 대가를 플랫폼을 통해 지급받는다. 플랫폼 노동의 핵심은 플랫폼을 통해 노동이 일거리 단위로 노동자와 서비스 이용자, 때로는 사용자가 간접적으로 연결된다는 점이다. 한국청소년정책연구원에서는 플랫폼 노동을 "종사상 지위에 관계없이 디지털 노동 플랫폼의 알고리즘을 통하여 일거리(tasks)를 제공받고 노무를 제공하는 형태"로 정의하고 있다(유민상 외, 2020: 21). 중개되는 일거리의 내용에 따라 구체적인 업무의 진행방식과 서비스 이용자와 노동자가 만나는 방식 등은 다양하지만, 그 핵심은 같다. 디지털 플랫폼을 중심으로 형성되고 있는 새로운 상황과 조건이 그에 부합하는

새로운 형태의 노동 형태를 만들고 있다. 이전 시대에도 특정 조직이나
체계, 생산방식에 따라 특정한 노동자상이 주조되었다(김영선, 2020:
483-484).

〈표 2〉 산업 시대와 플랫폼 시대의 노동 비교

구분	산업 시대(기계제 이후)	플랫폼 시대
기술과 생산 방식	기계화, 자동화	인공지능(플랫폼화) 실시간, 데이터화, 초연결
노동시장 및 업무특성	시간(time) 중심적 근면하게, 연속적, 규칙적, 일률적	건수(call) 중심적 독립적으로 건별 노동
노동자상	근면함	독립적임
감시	조직적 관리통제	품행의 실시간 데이터화, '별점' 평가(데이터 종속)
노동 - 비 노동 관계	일터-가정의 분리	경계 모호해짐 (작업장 밖 시간 = 자유시간 아님)
집합공간	집합 공간 있음	집합 공간 없음

자료: 김영선(2020); 김영선(2017) 재구성

〈표 2〉는 디지털 플랫폼을 매개로 새롭게 주조되고 있는 플랫폼
노동과 이전의 산업 시대 노동을 비교한 것이다. 산업 시대의 기술은
기계 기술이 핵심이었고, 생산방식은 자동화가 중심이었다. 산업 시대
에는 '나인 투 파이브(nine to five)'로 상징되는 정해진 근무시간이 있었
다. 근무시간 내에 근면하게 연속적으로 규칙적으로 일률적으로 업무가
진행되는 것이 최선이었다. 따라서 일과시간에 근면하게 일하는 노동자
가 가장 합당한 모습이다. 그리고 기업은 노동자들은 조직적으로 관리하

120

고 통제하였다. 정해진 일과시간은 일터와 가정을 분리하였다.

플랫폼 시대의 기술은 인공지능이 핵심이다. 인공지능에 의해 생산은 실시간으로 모든 것이 데이터화되어 이루어진다. 초연결은 소비지와 생산자, 그리고 사물까지 모두 인공지능을 매개로 연결된 상황에 대한 은유이자 실제 현실이다. 플랫폼 노동은 근무시간이 존재하지 않는다. 업무는 '건수'로 노동자에게 부여된다. 따라서 업무는 철저하게 독립적으로 이루어진다. 노동자들은 독립적이길 요청된다. 감시도 실시간으로 데이터화되어 보관된다. 특히 소비자들의 평점이 중요하다. 정해진 노동시간과 일터가 사려졌기 때문에 일터와 가정의 경계는 모호하다.

(2) 플랫폼 노동의 특징: 배달을 중심으로

배달을 사례로 생각하면, 음식을 주문하고 배달받기 위해 사람들은 음식배달플랫폼에 접속한다. 음식배달플랫폼은 기본적으로 소비자의 역할을 중계하는 역할을 한다. 소비자가 음식을 주문한 이후에는 음식배달플랫폼이 배달대행까지 하는 형태와 배달주문과 배달대행이 분리된 형태로 구분된다. 하지만 소비자는 그 차이를 알지 못한다. 배달플랫폼은 음식점에서 지불하는 수수료와 소비자가 지불하는 수수료를 함께 받아서 건당으로 배달 노동자에게 지급한다. 때문에 배달 노동자는 고용한 사람은 누구인지, 수당을 주는 사람은 누구인지, 업무를 지시하는 사람은 누구인지 알기 어렵다(유민상 외, 2020: 36). 이러한 불명확함은 〈그림 3〉에서 보이는 복잡한 연결(관계) 때문이라고 설명되었다.

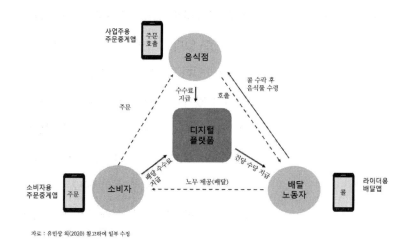

자료 : 유민상 외(2020) 참고하여 일부 수정

〈그림 3〉 배달 플랫폼의 개념도(플랫폼에서 주문 배달)

하지만 실제로 소비자와 배달 노동자, 음식점은 각각 디지털 플랫폼하고만 연결되어 있을 뿐, 다른 두 구성 주체와는 연결되어 있지 않다(〈그림 3〉 참고). 각각의 구성 주체들은 각자의 전문 '앱'하고만 연결되어 있을 뿐이다. 소비자는 자신의 핸드폰에 설치된 앱으로 주문하고, 음식점은 가게 안의 디지털 단말기로 이를 확인한다. 소비자와 배달 노동자는 음식물을 배달할 때 접촉할 가능성이 있지만, 코로나19로 대부분은 비대면 배달된다. 음식점과 배달 노동자 사이에는 음식물을 수령하고 인계하는 과정에서 접촉이 발생한다. 하지만 접촉은 플랫폼의 알고리즘에서 의해 임시적으로 무작위적으로 중개되어 발생하기 때문에 음식물이 인계되는 찰나의 순간에 발생하고 사라진다. 음식점과 배달 노동자 사이의 접촉은 '관계'로 축적되지 않는다. 결국 하나의 배달 건수에서 남는 것은 수많은 디지털 정보뿐이다.

위에서 정리한 배달로 대표되는 플랫폼 노동의 특성은 3가지, '파편화'·'종속화'·'관계 단절'로 정리할 수 있다.[2] 첫째, 플랫폼 노동은 일이 매우 작은 업무 단위로 파편화되어 있다. 기존의 전통적인 노동이라면 일은 여러 개의 과업으로 구성되어 있거나, 혹은 동일한 과업이 반복되는 경우라고 하더라도 일정한 시간 단위로 이루어진다. 음식 배달의 경우 기존에는 음식점에 고용된 배달원이 고용된 기간 동안 여러 건의 배달을 수행한다. 그런데 플랫폼 노동으로서 음식 배달은 플랫폼으로 접수되는 각각의 배달이 각각 하나의 건수로 배달 노동자에게 할당된다.

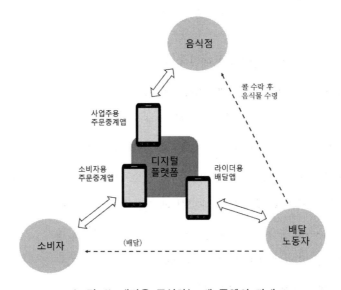

〈그림 4〉 배달을 구성하는 세 주체의 관계

2 플랫폼 노동의 특성은 장인기(2021)를 참고하여 정리함.

둘째, 플랫폼 노동은 플랫폼에 종속된다. 기존에는 기업이 실시간으로 노동력을 제공받으려면 노동자를 고용해야만 했다. 하지만 이제는 노동을 제공하려는 플랫폼 노동자들이 '거의 실시간으로' 시간제한 없이 거의 무제한 대기 중(앱 접속 중)이다. 플랫폼 노동자들은 '콜(call)'을 받기 위해 단말기를 통해 앱에 접속한 상태여야 한다. 이들은 업무를 수행하기 위해서는 앱 상에 뜨는 일감을 캐치(call catch)하는 행위를 해야 비로소 일을 시작할 수 있다. 캐치한 업무를 완료한 이후에 대가를, 즉 '수수료'를 받을 수 있다. 플랫폼 노동에서 업무시간은 더 이상 아무런 의미가 없다. '콜 캐치'를 위한 긴 대기시간(혹은 준비시간)이 있지만, 그 자체는 아무런 의미가 없다. 콜 캐치에 성공할 때만 의미를 획득하고, 수수료의 형태로 육화된다. 또한 플랫폼 노동자는 자신의 업무 수행에서 각각의 과업단위별로 실시간으로 플랫폼 기업에 의해 통제된다. 일례로 배달 노동의 경우 알고리즘은 배달 경로를 지정하고 배달 시간을 체크한다. 그리고 수락률, 취소율, 평정 관리의 방식으로 플랫폼 노동자들을 평가한다. 이 평가를 바탕으로 이후 업무를 차별적으로 배당한다(장인기, 2021: 46).

마지막으로 '노동'과 연결된 관계들이 플랫폼 노동에서는 단절되어 있다. 이러한 특성이 가장 잘 드러나는 플랫폼 노동은 '배달'이다. 기존 배달 노동자들은 업체-소비자-노동자라는 관계망 속에서 노동 업무를 수행하였다. 반면에 지금의 플랫폼 기반 배달 노동자들은 플랫폼과 연결되어 '콜'이 발생하고 콜을 캐치한 경우에만 업무를 수행한다. '일터'와 '노동시간'을 접점으로 노동과 기업(가게), 소비자 사이에 형성되었던 '관계'가 플랫폼 노동에서는 해체되어 존재하지

124

않는다. 플랫폼 노동자들에게 관계 맺기가 이루어지는 일터는 배달 가능 지역으로 확대되어 해체되었고,[3] 노동시간은 콜을 받기 위해 앱에 접속해야 하는 무제한의 시간으로 해체되었다. 플랫폼 기업은 '관계'의 사회적 형태에 의존하지 않고, 즉 시공간적 제약 없이 업체와 소비자, 노동자들 모두 '언제든지' 연결될 수 있는 상태로 준비할 것을 요구한다(김영선, 2020: 485).

'관계'가 사라지면서 업체-노동자-소비자 사이에 존재하던 기존의 사회적 규범도 함께 사라졌다. 새로운 사회적 환경에 부합하는 규범이 만들어져야 한다. 하지만 급격한 사회변화 속에서 새로운 규범이 아직 우리 사회에서는 만들어지지 못했다. 기존 음식 배달은 지역에 위치한 일터와 일정한 근무시간을 공유하는 관계망 속에서 서비스 이용자와 배달 노동자가 만났다. 때문에 서로에 대한 배려와 이해가 존재하였다. 하지만 서비스 이용자와 배달 노동자 사이에 그런 배려와 이해가 존재할 관계는 더 이상 존재하지 않는다. 단지 앱에 접속하여 음식을 주문한 행위와 그 후속 결과로서 음식 배달이 존재할 뿐이다.

---

3 이러한 공간의 해체는 다른 플랫폼 노동에서도 발견된다. 대리운전 초기에는 대리운전기사들이 출퇴근하는 '센터'가 있었다. 오고 가는 중에 기사들은 커피를 한 잔씩 같이 마시며 이런저런 이야기를 나누었다. 센터는 대리기사들이 공유하는 시공간이었다. 하지만 이제는 스마트폰의 앱으로 센터는 사라졌다. 정해진 출퇴근 장소는 없고 배급된 스마트폰으로 전용프로그램에 접속하면 그 순간부터 일이 시작된다(김영선, 2015: 52).

3) 플랫폼 기반 노동을 둘러싼 새로운 갈등

플랫폼 경제는 코로나19를 계기로 성장세가 더욱 가팔라졌다. 사회의 거의 모든 분야에 플랫폼 기업들이 진출하였고, 사람들은 이전에는 없었던 다양한 서비스를 경험하고 있다. 하지만 이로 인해 이전에 없었던 새로운 갈등도 발생하고 있다. 대표적인 갈등은 플랫폼 기업들의 독과점으로 발생한다.

플랫폼이 관련 시장(혹은 서비스)을 독점하면 소생산자와 노동자들은 플랫폼에 종속되며, 결국에는 소비자들도 피해를 입게 된다. 골목상권 침탈, 과도한 수수료, 광고 경쟁 유발로 인한 피해 등이 대표적이다. 또한 플랫폼 기업들이 제공하는 서비스는 법·제도적 틀이 갖춰지지 못한 시기에 기존 산업 일자리 및 규제와의 마찰 등에서 갈등을 야기하기도 한다(김은란, 2020). 대표적인 예는 플랫폼 노동자들(platform workers)의 노동자성 인정 여부이다. 세계 각국에서 플랫폼 노동의 정의와 유형, 지위 등에 대해서 논의하고 있다. 본 연구에서 관심이 있는 아파트 입주민들과의 갈등은 본질적인 문제라기보다는 하나의 사건 정도로 이해된다. 하지만 본 저자가 생각하기에 아파트 입주민과 배달 노동자 사이의 발생은 '관계의 단절'로 발생한 새로운 갈등으로 근원적인 문제를 내포하고 있다.

(1) '안전권'을 이유로 하는 배달 노동자와 아파트 입주민의 갈등

앞에서 언급한 '개인과 개인 간의 관계'라는 관점에서 보면 대표적인 플랫폼 노동자인 배달 노동자들과 아파트 입주민들 간의 갈등은 디지털 플랫폼에서 만들어진 새로운 사회관계에서 발생한 갈등이다. 최근

신도시 중심으로 '안전'을 이유로 배달(택배) 노동자의 지상 출입을 금지하는 아파트들이 늘고 있다. 이로 인해 배달 노동자와 지역주민 사이에 갈등이 발생하여 언론에 보도된 사례는 남양주 다산신도시, 고덕동, 최근의 인천 송도 등이 대표적이다. 지상출입금지는 아니지만 화물용승강기 사용 강요(승강기 사용금지), 헬멧 착용금지 등도 배달 노동자와 아파트 입주민들 사이에서 발생하는 갈등이다. 이러한 갈등 은 비교적 일정한 순서에 따라 발생한다.

①아파트입주민들은 안전, 특히 아이와 노인의 안전을 이유로 배달 오토바이와 택배 차량의 지상 출입을 금지한다.

②배달 및 택배 노동자들은 지하 주차장 이용은 노동자들의 안전권 과 건강권을 침해하기 때문에 받아들일 수 없음을 아파트입주민대 표회의 측에 통보한다.

③아파트입주민대표회의와 배달 및 택배 노동자 사이의 대화가 이루어지지 않고, 갈등 상황이 언론을 통해 보도된다.

④언론에 보도되고 관심이 집중되지만, 해결방안이 모색되지는 않는다.

사안은 비교적 단순하고 명확하지만, 아파트 입주민과 배달 노동자 간의 갈등 해결이 어려운 이유는 실제 양측 모두 '안전권'의 침해를 받기 때문이다. 위에서 언급한 아파트에서 배달 오토바이와 택배차량 의 지상 출입을 금지한 것도 실제 안전사고가 발생하기 때문이다. 2018년 다산신도시 사례에서는 차 없는 공원형으로 설계된 한 아파트에서 화물 차량 후진으로 단지 내에서 한 아이가 차에 치일 뻔한 사고가 있었다. 송도의 아파트에서도 오토바이에 놀라서 피하려던 학생이 다친 사건, 배달 오토바이와 주민 김 모 씨가 쥐고 있던 강아지의 목줄이 엉키면서 강아지가 눈 주변과 배 등에 타박상을 입는 사건이 발생하였다(〈아시아경제〉, 2021.10.04.; 〈세계일보〉, 2021.09.27.).

이처럼 실제 아파트 단지 내에서 교통사고가 다수 발생하고 단지 내 사고는 학생들의 등교 및 하교 시간대가 55.2%로 가장 많았다. 단지 내 도로는 일반도로에 비해 좁지만, 대부분 차량은 서행하지 않는다. 또한 단지 내에는 운전자의 시야를 방해하는 시설물도 많다. 이러한 이유로 인해 통학차량이나 택배차량, 택시 등 업무 또는 영업용 차량에 의해 사고 발생 비율이 높았다. 특히 단지 내 사고는 일반도로보다 교통약자(어린이, 60세 이상)의 인적 피해규모가 상대적으로 높았고, 미취학아동의 경우 사고 시 피해규모가 4.4배까지 높았다. 일반도로에서는 차 대 차 사고유형이 대다수인 반면, 아파트 단지 내 사고는 차 대 인(보행자) 또는 차 대 자전거 사고유형 비중이 높아 사고 시 피해 심도가 더 높은 것으로 분석되었다. 하지만 최근의 법 통과 이전까지 아파트 단지 내 도로는 도로교통법상 도로가 아닌 사유지여서 사고가 발생해도 가해자를 처벌하지 못하는 허점이 있었다(〈소셜포커스〉, 2020.07.20.). 아파트 단지가 도로교통법의 규제를 받지 못하는 상황에서 아파트 주민들의 선택은 택배차량과 배달 오토바이의 지상 출입 금지로 귀결되었다.

배달 노동자들은 오토바이의 특성상 지하주차장은 미끄러워 사고 위험이 크고 비가 오는 날에는 그 위험이 더욱 커진다고 지하주차장

이용이 노동자들의 안전을 침해한다고 주장한다. 게다가 플랫폼 노동자들인 이들은 사고가 발생하면 피해는 온전히 노동자가 떠안아야 해서 사고의 위험성을 감수하고 지하주차장을 이용하기는 힘들다(《아시아경제》, 2021.10.04.).

안전권 이슈는 택배 노동자들의 경우에서도 동일하게 반복된다. 앞서 언급한 다산신도시 아파트 사례에서 전국택배노동조합은 지하주차장 이용이 어려운 이유로 건강과 안전을 제시하였다. 아파트 건설 규정에서 지하주차장의 제한 높이를 높여서 새로 생긴 아파트에서는 다산신도시에서와 같은 문제가 반복되지 않지만, 그 이전에 건설된 아파트에서는 관련 문제는 여전히 상존한다.

앞서 언급한 송도 아파트입주자대표회의 측은 언론에 보도된 이후 배달 오토바이 개방은 없을 것이라는 입장을 재차 밝히면서도 비가 오거나 도보로 배달할 때는 1층 출입(지상 출입)을 허용하는 조치를 추가하였다. 하지만 배달 노동자들은 이는 해결방안이 아니라는 입장이다.

(2) 인권 충돌로서 아파트 입주민과 배달 노동자 사이의 갈등 이해

오늘날 인권의 토대가 되는 세계인권선언(The Universal Declaration of Human Rights)의 전문에는 '인권에 대한 무시와 경멸'이 '인류의 양심을 격분시키는 만행'이라고 규정하고 있다. 타인의 인권을 직접적으로 무시하고 경멸하는 만행은 쉽게 발견하기 어려울 만큼 인권에 대한 인식은 높아졌다. 하지만 최근에는 자신의 인권을 주장함으로써 타인의 인권을 침해하는 소위 인권 갈등, 혹은 인권 충돌이 빈번하게 발생하고 있다. 이때의 인권 충돌은 개인과 개인 사이에 발생하는 것을 상정하고 있지만, 실제 현실사회에서는 개인과 조직, 개인과 제도, 조직 간, 그리고 국가 간에도 인권 충돌이 발생하고 있다.

인권 출동과 관련된 다양한 사례를 확인할 수 있다. 최근 코로나19 팬데믹 상황에서 공공의 안전과 개인의 사생활이 충돌하고 있다. 한국사회에서는 공공의 안전이 개인의 프라이버시권보다 앞선다는 인식이 강하다. 하지만 유럽사회에서는 사생활 보호와 개인정보의 측면이 강조되어 우리나라와 같은 확진자 추격조사에 어려움을 겪었다. 이 갈등은 현재 코로나19 백신 접종과 백신 패스에서도 반복되고 있다. 또한 프랑스에서는 무슬림들의 히잡 착용 권리와 모든 공공교육 시설에서 종교적 상징물을 금지하는 프랑스 정부의 대립도 있었다. 생명권과 존엄하게 죽을 권리처럼 새로운 권리의 등장으로 권리들 간의 갈등이 발생하는 경우도 있다(《한겨레》, 2014.04.01.).

인권 충돌의 발생 원인에 대해 일부에서는 인권 개념이 발전하면서 인권 목록이 늘고 있으며 인권 감수성이 발달하면서 적용대상도 늘어나고 있기 때문이라고 설명한다. 더불어 신념과 이념에 근거하여 인권이 제기되는 경우가 많아지고 있는 것도 이유이다. 인권이 명확한 법체계보다는 도덕과 신념에 근거한다는 특징을 고려하면 권리들의 충돌이 곧 인권의 발달이라고 설명하는 학자들도 있다. 이러한 측면에서 인권 충돌에는 긍정적인 요소도 분명히 존재한다. 하지만 현재의 인권 충돌은 현대 인권 개념의 기반이 되는 서구의 인권 개념에 내재한 근본적 한계에서 비롯된 측면도 있다. 즉 현재의 인권 개념이 서구의 개체지향적 성향이 강하게 내포되어 있어서, 자신의 인권을 신성불가침하고 양도 불가능한, 그래서 절대적인 권리로 주장하는 경향이 강하다. 때문에 인권을 맥락이 아닌 법칙의 관점에서 이해한다. 하지만 서구의 인권 개념이 발달한 과거와 달리 오늘날의 사회는 매우 복잡하고 다양한 인권 주체들이 활동한다. 관계와 맥락 속에서 권리의 내용과 적용범위 등이 논의되어야 한다. 이러한 관점에서는 현재 '인권 충돌'은 '인권이 발달한 시대 상황'을 드러내고 있다는 점은 맞다. 그리고 새로운 사회와 시대 상황에 맞는 인권 개념의 논의와 수용을 통해 해소되어야 한다는 새로운 과제를 우리에게 제시하고 있다.

3. 불교 기반 인권론의 필요성

1) 서구의 개체 지향적 인권 비판

대표적인 인권학자인 갈퉁은 현재의 인권 개념에 서구의 개인에 대한 인식이 전제되어 있다고 하였다.[4] 그의 비판에 따르면, 오늘날 인권론의 선구적 역할을 한 로크의 자연권론을 검토해 보아야 한다. 로크(John Locke)에 의하면 개인은 '서로를 파괴할 수 없는 권한'이 있는 독립된 평등한 개인들이다. 즉 인류 모두는 서로 평등하고 독립적이기 때문에 누구나 다른 삶의 생명, 건강 자유 또는 재산에 대해 손상을 가해서는 안 된다. 이는 곧 개인의 자기 보존권으로 이어진다.[5]

---

4 서구 인권 개념에 대한 갈퉁의 비판은 그의 *Human Rights in Another Key*(Polity Press, 1994)와 안옥선(2008)의 25~27쪽을 참고할 것.
5 존 로크의 인권론은 오영달(2009)을 참고할 것.

앞에서 증명한 바 있듯이, 인간은 태어나면서부터 완벽한 자유를
누리고 자연법이 부여하는 모든 권리와 특전을 무제한적으로 향유
할 권리를 가지고 있다. 이 점은 전 세계 모든 인간이 평등하다.
인간은 자신의 소유물, 즉 생명, 자유, 재산을 다른 사람의 위해와
공격으로부터 보호할 천부적인 권력을 가지며, 나아가 다른 사람이
그 법을 침해했을 경우 판결하고 징벌하는 권력도 가진다(Locke,
2012: 78).

로크는 자연 상태에서 권리의 충동 가능성을 의식하고 있었고,
이를 해결하기 위해서 사회계약론을 발전시켰다. 하지만 정부의 존재
목적은 개인의 자연권(인권)의 보호로 설명된다. 그리고 이때 개인은
독립되어 존재하며, 때문에 평등하다.

자연 상태에서는 물론 그런 권리를 가지고 있지만, 늘 다른 사람들
의 침탈에 노출되어 있는 탓에 그 권리의 향유가 매우 불확실하다.
모두가 각자 나름대로 왕이고 동등한 위치에 있지만, 평등과 정의
를 엄격히 지키지 않는다. 이런 상태에서 재산의 향유는 매우
불안정하고 불투명할 수밖에 없다. 그래서 인간은 아무리 자유롭더
라도 두려움과 위험에 가득한 상태를 포기하기로 마음먹고, 이미
통합을 이루었거나 준비하는 사람들과 힘을 합쳐 사회를 형성하는
것이다. 이 목적은 생명, 자유, 토지(나는 이것들을 총칭해 재산이라고
부른다)의 상호 보존에 있다(Locke, 2012: 110-111).

이처럼 현대 인권의 기초가 되는 로크의 자연권은 개인의 완벽한 독립을 전제하며, 그에 근거하여 발전한 현대사회의 인권은 서로 종속되지 않고 파괴하지 않는 존재로서 개체를 지향한다. 이때 개체 지향성은 4가지로 정리할 수 있다. (1) 개체성, (2) 실체성, (3) 소유성, (4) 배타성이다.[6]

첫째, 개체성, 즉 오늘날 인권 개념의 기초를 이루는 서구의 인권은 개인주의적 특성이 강하다. 권리가 보장되는 방식은 개체적이다. 개인은 고립된 개체로 존재하며 본질적으로 다른 개체에 대해 독립적이다. 권리 보유자는 고립적 단자(單子, monad)로서 자신의 권리를 다른 개인이나 집단에 대항하여 주장한다. 따라서 개인적 수준을 넘어 그 이상의 연합된 권리나 집단의 권리에 대해서 논의하기 어렵다.

둘째, 실체성은 개체성과 짝을 이룬다. 인간은 내적으로 어떤 불변적 실체를 가진 존재라고 가정한다. 이 실체성은 정신/이성/영혼을 중심으로 성립한다. 인간은 절대자와 대면하여 여타의 피조물과 달리 존재 상태가 본질적으로 다르다고 가정한다. 실체성은 육체/감성에 대한 정신/이성의 우위를 함축할 뿐만 아니라 경험적 삶의 구체성에 대한 추상적 법칙의 우위를 함축한다. 이러한 함축의 귀결로서 사회는 절대자의 의도, 추상적 원리, 최종적으로는 법칙성/규범성을 근간으로 하여 편성된다. 인권도 규범에 따라 추구되고 규정된다. 인권이 구체적으로 보장받는 근거는 규범의 테두리 안에서이다. 인권 개념은 규범주의를 그 패러다임으로 하고 있다. 문제는 법에 명문화되지

6 서구의 개체 지향적 인권 개념에 대한 비판은 안옥선(2008)의 논의를 주로 참고하여 정리하였음.

않는 인권에 대해서는 누구도 책임지지 않는다는 것이다. 오직 법에 의존하여 추구되는 인권은 인간의 삶의 다양한 현장에서 발생되는 비인권적 상황 혹은 법 밖의 영역에 대해서는 무기력하다. 법 밖의 영역에서 인권은 오히려 합법적으로 침해당할 수 있다.

셋째, 소유성이다. 각자는 자신의 신체와 정신에 대하여 누구도 침해할 수 없는 배타적인 소유권을 가지고 이를 근거로 하여 다른 모든 대상을 배타적으로 소유한다. 이러한 소유성이 잘 드러나 있는 인권의 사례는 프라이버시권과 재산권이다. 개체적 자아의 확장영역으로서 프라이버시권(사적인 영역)은 누구도 침해할 수 없어서 타인의 간섭이나 침해로부터 보호받아야 할 영역이다. 이 영역에서의 소유성은 서로에 대한 배려조차 배제한다. 사회는 개인들의 집합체로서 '소유자들 간의 교환관계'이며 정치사회는 재산의 보호와 교환관계의 유지를 위해 고안된 것이다.

넷째, 배타성은 개체적 자아들이 경쟁·대립·갈등하는 구조 속에서 자신의 권리만을 주장하여 타인에 대해서는 비배려적이고 이기적이라는 것을 의미한다. 서구의 인권 개념이 내포하고 있는 배타성은 다른 존재들의 가치를 훼손하거나 포섭하지 못한다. 이로 인해 인권담론에서의 권리와 의무의 대응구조는 근본적으로 불균형 구조를 이루고 있거나 타자 가치의 주변화 문제를 안고 있다. 요컨대 '나'의 권리를 주장할 때 '타자'의 권리는 나의 권리에 예속되거나 주변화된다.

2) 연기에 기반한 불교 인권

앞에서 정리한 바와 같이, 독립된 개인들의 권리로만 이해되는 현재의 인권 개념에서는 고립된 개아/단자들 사이의 충돌은 예견되며, 이를 해소할 마땅한 방법도 찾기 어렵다. 충돌하는 권리의 종류나 권리의 주체를 판별하고 어느 권리가 더 본질적인지를 따지는 것은 별다른 효용성이 없다. 여기에서는 인권에 관한 새로운 접근으로 연기론에 기초한 인권의 가능성을 검토한다.

(1) 연기론의 사회이론적 재구성

불교 철학, 특히 연기론에 근거한 불교 인권을 제시하기 위해서는 현대 사회이론적 관점에서 연기를 이해·정리하고 그에 기반하여 인권을 정리해야 한다. 연기는 불교의 핵심 교리로서 누구나 인정하며, 모든 현상은 '조건에 따른 성립/발생'(緣起, paṭicca-samuppāda, paṭicca/緣하여 sam/함께 uppāda/일어남)으로 이해하고, '성립/발생의 조건들'과 '조건들의 인과적 연관'을 포착하려는 사고방식이라는 것에는 동의한다(박태원, 2015: 227).

하지만 그 의미에 대한 이해는 매우 논쟁적이다. 박태원(2015)은 연기에 대한 이해가 (1) '조건에 따른 성립/발생'에 초점을 두는 것과, (2) '12연기적 조건인과의 연쇄체계'(삼세양중인과설과 유식연기설)나 (3) '상호의존의 공/관계'(공연기/화엄연기)에 초점을 두는 것으로 발전하였다고 정리하고 있다. 이와 유사하게 윤종갑(2010)은 연기설을 둘러싼 논쟁을 (1) 시간적 인과관계, (2) 무시간적 논리관계(상의성)로 간략하게 소개하고 있다. 그는 이 두 견해 사이에 치열한 논쟁이 벌어졌지만 아직까지도 결론을 내리지 못하고 있다고 기술하였다.

저자는 불교의 연기설은 이러한 이해를 모두 포함하고 있다고 생각한다. 〈그림 5〉에 단순화의 위험에도 불구하고 이를 표현하였다. '연기'가 세계가 존재하고 작동하는 방식이라는 사실을 고려하면, 시간과 공간(논리) 중 어느 하나만으로 세계를 이해하고 해석할 수는 없기 때문이다. 정육면체로 표현된 사회 속에는 시간의 축과 공간의 축이 존재하며, 사회 속에서 발생하는 사건은 구체적인 시간과 공간이 표시된다. 고정된 사건(1)에는 공간A와 시간A가 교차한다. 그리고 사건(1)이 사건(2)로 변화하면 공간도 공간A에서 공간A′로 변화하고, 시간A도 시간A′로 변화한다. 시간의 관계와 공간의 관계는 분리되어 관찰될 수 있지만, 그 관계들은 함께 사건의 관계들과 함께 관찰되고 분석되어야 한다. 이러한 이유에서 연기는 개인과 사회, 세계, 나아가 우주 삼라만상에 대한 무조건적/절대적 사고로 왜곡하려는 본질주의/절대주의/실체주의를 경계하는 논리이다(박태원, 2015).

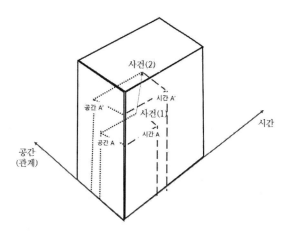

〈그림 5〉 시간과 공간 속에서 연기

연기적 사회이론에서는 인연화합이 이루어지는 바로 그 순간의 '조건'과 '인과', 그리고 '관계'를 검토한다. 연기적 사회이론은 사회에 존재하는 모든 것은 시간적인 관계와 공간적인 관계 속에 있으며 상호작용하며 변화한다고 이해한다. 이러한 측면에서 연기는 관계들과 관계를 이루는 존재들의 관계-존재양식과 시간-발생양식을 모두 포함하는 것으로 이해되어야 한다.

존재원리의 관점에서 보면, 연기는 사회적(공간적) 차원에서 인간과 사회, 세상을 이해하는 것이며 관계론적 관점을 채택한다. 그리고 이를 불교의 용어로 설명하면, 존재는 독립되고 고립된 단자(單子, monad)가 중중무진한 세계/관계에 위치할 뿐이다. 그리고 이때 존재는 서로 상호작용하여 생성되어서 현상적인 것은 궁극적으로 자성이 없다. 또한 발생원리에서 보면 연기는 시간적 차원에서 인간과 사회, 세상을 이해하는 것이며 구성주의적 관점을 채택한다. 불교적 용어로는 무아와 무상으로 이해된다(유승무, 2014; 이명호, 2021 참조하여 정리함).

⟨표 3⟩ 연기의 두 가지 차원

원리	설명 수준	설명	이론	교리적 설명
존재원리	사회(공간)적 차원	상호작용	관계론	중중무진重重無盡·무자성無自性
발생원리	시간적 차원	의존적 발생	구성주의	무아無我·무상無常

첫째, 연기는 모든 존재가 상호작용하며 존재들 사이의 관계도 상대적이며 계속해서 변화하면서 존재한다는 원리이다. 연기적 관점

에서 존재하는 모든 것은 관계를 이루고, 관계망 속에서 존재한다. 즉 사회와 세계는 물론 인간의 마음(이하 사회로 약칭함)도 연기의 결과물, 즉 연기체緣起體로 존재한다. 연기체는 수많은 하위체계와 구성요소들로 구성되어 있으며, 그들도 상호의존하고 상호작용하고 있는 체계이다. 하위체계들은 서로서로 체계-환경의 관계를 이루며 다양한 실행을 하면서 서로에게 개입한다. 따라서 하나의 현상/사물/ 사람을 보기 위해서는 거기에 연관된 수많은 조건들을 함께 보아야 한다. 즉 세상에 존재하는 모든 것은 서로 관계를 맺고 상호 영향을 주고받는 과정에 있으며, 그 관계는 조건에 의해 규정된다. 이때의 조건도 고정되어 있지 않고 상황과 여건에 따라 변화한다.

연기론에서는 이를 주인과 동반자의 관계로 설명한다. 화엄십현연기의 열 번째 주반원명구덕문主伴圓明具德門은 모든 우주만물은 서로 주主와 반伴이 되어 원만하게 덕을 갖추고 있다는 뜻이다. 모든 사물과 사태들은 주와 반, 주개념과 종개념, 중심성과 변방성을 동시에 갖추고 있으며, 조건과 상황에 따라 주가 되기도 하며 반이 되기도 한다. 주와 반의 관계는 유동적이며 상대적이다(조윤호, 2001). 어떤 그물코를 들더라도 나머지 그물이 뒤따라 올라오는 것과 같다. 모든 존재(사물/사건/현상)는 주체(主)인 동시에 조건인 환경(伴)이 된다. 지금 이 순간에는 주체이지만, 다음 순간에는 환경이 되기도 한다.

둘째, 연기는 모든 것의 발생원리이다. 연기의 관점에서 인간의 인식 범위로 포함된 일체는 인연에 따라 생겨났다가 인연이 다하면 소멸한다. 연緣은 조건이라는 뜻, 기起는 발생이라는 뜻으로 곧 연기는 '조건적 발생'을 의미한다. 연기란 세계의 모든 것들은 수많은 조건(緣)

들이 함께 결합하여 일어난다(起)는 '상호작용적 발생'을 의미한다.

연기론에서 일체, 곧 세계의 모든 것은 이런 상호 의존하며 동시에 상호 영향을 주고받으며 성립하고 소멸한다. 사회에 존재하는 사물과 사건, 현상들도 무수히 많은 조건들이 상호 긴밀한 관계 속에서 개입하여 변화(생성과 소멸)한다. 즉 연기적 관점에서 사물이나 현상, 사람의 마음, 그리고 그들 상호 간의 관계조차도 고정불변의 실체로 간주하지 않는다. 우리가 인식하는 모든 것은 구성된 실재이다. 이러한 측면에서 연기의 현대적 이해는 '구성주의'이다. 이러한 이유에서 불교에서 연기하지 않은 채로, 즉 '조건적 발생'의 과정을 통하지 않고 존재하는 것 없으며, 실체는 존재하지 않으며 일체는 언젠가는 소멸한다. 오직 발생, 변화, 과정만이 존재한다(유승무, 2014; 이명호, 2021).

이러한 사회이론적 연기 이해에 기반하여, 불교 기반 인권은 (1) 관계 연관적 인권이며 (2) 구성적 인권으로 정리할 수 있다. '관계 연관적 인권'은, 인권은 개인에게 부여된 자연권임에는 분명하지만, 그 실질적인 실현은 나를 포함한 다른 구성원들의 총체적인 인권 실현을 통해서만 가능하다는 의미를 담고 있다. 즉 특정한 개인 혹은 집단만의 인권 실현은 온전한 인권이 아니다. 그것은 관계의 총체적인 실현으로만 가능하다. '구성적 인권'은 인권의 구체적인 권리 내용과 행사범위, 적용대상은 해당 개인이 속한 관계, 즉 조건과의 관련 속에 구성된다는 내용을 담고 있다. 즉 인권은 보편적 법칙처럼 존재하지 않고, 구체적인 맥락과 상황에 따라 그 내용이 달라진다.

(2) 관계 연관적 인권

연기에 입각한 불교 인권은 관계 연관적 인권이다. 인권이 관계 연관적이라는 의미는 인권을 총체적으로 그리고 타자 배려적으로 이해한다는 것이다. 불교의 핵심 교리인 연기에 의하면, 모든 것은 상호의존적으로 연관되어 있으며 변화하고 있어서 관계망을 벗어난 개체는 존재하지 않는다. 이런 측면에서 한 개인도 관계망 속에서 이해되며, 이때의 인권은 관계 연관적이며 상호작용하는 관계로 드러난다.

이나다(Kenneth Inada)도 인권의 정당성을 사람들 자신들에게서보다는 사람들 간의 관계성(interrelatedness)에서 찾아야 한다고 주장한다. 그리고 연기는 삶에서 발생하고 있는 경험사건의 전체·관계로 해석한다. 인간을 포함한 모든 존재는 연기체(관계적 과정)의 부분이다. 그 어떤 존재로 독립적으로 존재하지 못하므로, 각각의 권리를 존중해야 한다(Inada, 1982: 70-71; 안옥선, 2008: 108-109).

인권이 관계 연관되어 있으며 상호적이라는 사실은 인권 실현에서 개개인의 자발적 책임과 덕성의 배양을 강조한다. 달라이 라마는 이를 상호의존성으로부터 필연적으로 요구되는 '보편책임'이라 하였다.

우리는 우리가 귀하게 여기는 권리와 자유를 요구할 때 인간으로서의 책임도 자각해야 한다. 타인도 우리와 마찬가지로 평화와 행복을 누릴 동등한 권리가 있음을 우리가 인정한다면 곤경에 빠진 사람을 도와줄 책임이 우리에게 있지 않은가? 아니, 최소한 남에게 해를 끼치지 않아야 할 책임이 우리에 있지 않은가? 우리의 자유와 행복을 더 즐기기 위해 이웃의 고통에 눈을 감는다면 그것은 인간으로서의 책임을 방기하는 행위이다. 우리는 개인이든 민족이든 타자의 문제를 염려할 줄 알아야 한다(달라이 라마, 1988; 이샤이, 2005: 61에서 재인용).

보편책임은 '우리 모두가 세계의 모든 동료 인간에 대해 책임을 져야 한다'는 의미라고 설명하였다. 또한 타자 배려성은 경우에 따라서는 자기 결단을 전제로 '자기 권리의 포기 혹은 유보'도 가능하다. 서구의 관점에서 권리의 포기/유보는 인권의 속성에 배치되는 것으로 이해되지만, 불교에서는 자신의 선택과 결단에 의해 더 높은 수준의 자아실현을 위한 권리실현으로 이해되기도 한다.

이를 아파트 입주민과 배달 노동자 간의 인권 출동 상황에 적용하면, 현재 디지털 플랫폼 구조에서 두 주체는 서로가 연결되어 있다고 자각하지 못하고 있다. 아파트 입주민들에게 배달 노동자는 아파트 커뮤니티의 외인外人일 뿐이며, 배달 노동자들에게도 아파트 입주민들은 배달 중에 우연히 마주치는 사물 중 하나일 뿐이다. 알고리즘이 제시한 배달시간을 맞추기 위해 움직이는 시간과 더 많은 콜을 소화하기 위해 대기하는 그 어느 순간에도 아파트 입주민은 존재하지 않는다. 하지만 현재 디지털 플랫폼 구조에서 주체들 사이의 관계가 은폐되어 있을 뿐이다. 은폐된 관계를 복원하고, 서로의 존재를 인지한다면 문제는 의외로 쉽게 해결될 수도 있다.

(3) 구성적 인권

연기에 입각한 불교 인권은 구성적 인권이다. 연기적 논리에 따라 조건과 환경에 따라 '인권의 보장 내용과 범위 그리고 주체'도 만들어지는 것으로 이해되어야 한다.

이러한 인권을 받아들인다면, 인권은 ①인간 존엄성으로서 인권, 즉 보편 원리이자 목표로서의 인권과 ②현실태로 존재하는 인권으로 구분된다. 그리고 후자의 인권은 사회 속에 구체적인 실재로서, 고정 불변하는 그 무엇으로 존재하는 것이 아니라, 맥락과 상황에 따라(조건과 여건에 따라) 관계 속에서 구성되는 것이다. 때문에 구성적 인권은 보편의 가치를 지향하지만, 절대적 위상을 갖지 않는다. 인권은 다만 구체적 현실에서 고통의 자각을 통해 구성된다. 천성산 터널 공사를 반대한 지율 스님의 사례는 이를 여실하게 보여준다.

산이 게으른 수행자였던 저를 불러 세웠던
그 순간을 저는 잊을 수가 없었습니다.
바위를 깎는 포크레인 소리에 묻혀
그 소리는 아주 가느다랗게 들렸습니다.
"거기 누구 없나요? 살려주세요……"라고
어린아이 울음소리 같기도 하고
늙은 어머님의 신음 같기도 한 이 소리는
지금 전국의 산하에 울리고 있습니다.
애처롭게 울리는 이 소리는 제게 신의 음성보다
더 무섭게 들렸습니다.

아픈 산하가 우리에게 도와달라고 말을 건 이 순간이
생명에 대한 사랑과 희망을 이야기할 수 있는
마지막 순간일지 모른다는 조바심 때문에
낯선 거리에 서는 부끄러움도 차마 싫어하지 못했습니다(지율,
2004: 36).

고통을 자각한 순간, 즉 생명의 살려달라는 목소리가 들리는 순간
'인간종'을 넘어선 모든 종들의 권리가 현실태로 구성되었다. 여전히
생명의 목소리가 들리지 않는 사람들에게 인간종 이외의 생명종들의
권리는 구성되지 않는다. 이러한 논리는 인간사회에서도 적용된다.
인권은 지속적으로 상호의존으로 연결된 중중무진한 사회구조로부터
도출되어야 한다(안옥선, 2008: 90). 즉 고통의 자각을 위해 보편 원리이
자 목표로서 인간의 존엄성이 침해되는 상황과 그러한 상황에 처해
있는 존재들에 대한 지속적인 관심과 관찰이 요청된다.

앞서와 같이 적용하면, 서로는 서로의 환경과 조건에 관심이 없다.
때문에 고통의 소리가 들리지 않는다. 즉 아파트 입주민들에게는
배달 노동자의 안전권이 구성되지 않으며, 배달 노동자들에게 아파트
입주민들의 안전권은 구성되지 않는다. 아파트 입주민들이 배달 노동
자들이 처한 플랫폼 노동의 조건을 이해한다면, 배달 노동자들이
아파트 입주민들의 생활 조건을 이해한다면 서로의 안전권은 실재하는
인권으로 부여될 수 있을 것이다.

4. 결론 및 논의

본 연구는 최근 늘어나고 있는 플랫폼 노동과 아파트 입주민 사이의 갈등이 '인권 충돌'이라는 사실에 주목한다. 그리고 이러한 인권 충돌이 서구의 개체 지향적 인권 개념에 의해 발생하는 것이라는 사실을 논증하고, 그 해결책으로 불교에 근거한 인권을 제시하였다.

현재의 고립된 개체 지향적 인권 개념에서는 인권 충돌의 문제를 해결하기 어렵다. 문제의 해결을 위해 우리는 연기에 입각한 불교 인권을 연기론에 근거하여 관계 연관적 인권과 구성적 인권으로 정리하였다.[7] 관계 연관적 인권은 연기의 존재원리에서 도출된 특성으로 모든 존재는 상호 연결되어 있으며 상호작용하는 관계성에 주목한다. 자신의 권리가 인정되기 위해서도 타인의 권리를 인정하고 실현하는 데 기여해야 한다. 하지만 오늘날은 디지털 기술에 의해 존재들 사이의 관계가 은폐되는 경향이 있다. 이로 인해 사람들은 서로가 연결되어 있으며 같은 관계망 속에 있다는 사실을 망각한다.

구성적 인권은 연기의 발생원리에서 도출된 특성으로 모든 존재는

---

7 불교인권에 관한 초기 연구를 주도한 안옥선(2001; 2008)은 불교인권의 특징을 자아의 일체성, 무아의 자리이타적 소유, 배려성, 욕망절제성으로 정리하였다. 이러한 특징을 저자는 불교인권의 '내용'으로 이해한다. 이를 통해 우리는 불교인권이 제3세대 인권 및 지속 가능한 삶의 양식과 가진 친화력을 이해할 수 있다. 나아가 본 연구에서 저자가 제시한 불교인권의 특성은 불교인권의 형식적 특성으로 이해할 수 있다. 따라서 추가연구에서 불교인권의 내용적·형식적 특성을 종합한다면 새로운 전환의 시기에 요청되는 인권을 종합적으로 정리할 수 있을 것으로 기대한다.

인연화합에 의해 결합과 해체를 반복하는 것에 주목한다. 현실에 존재하고 실현되는 인권도 이처럼 구성되는 것이며, 이때에는 고통의 자각이 중요하다. 개인적 수준의 고통이 사회적 단위에서 자각될 때 사회에서도 권리로서 인정될 가능성이 높아진다. 하지만 오늘날에는 타인에 대한 관심이 부족하기 때문에 그만큼 타인의 고통이 자각되고 인권으로 구성될 가능성도 적다.

이러한 측면에서 인권 충돌을 예방하기 위해서는 불교의 인권 개념, 즉 관계 연관적 및 구성적 특성이 인정되어야 한다. 이를 위해서는 첫째, 국가적 수준에서는 국가인권위원회의 역할을 재정립해야 한다. 국가인권위원회는 인권 보호와 인간의 존엄과 가치 실현을 목표로 하고 있다. 하지만 최근에는 인권단체들로부터 인권위가 현안으로부터 멀어지고 인권 현장의 당사자들과 협력과 소통이 없다고 비판받고 있다. 대표적인 사례가 코로나19 상황에서 소수자 관련 인권 활동을 찾기 어렵다는 사실이다. '관료화된 인권위'라는 비판 속에는 인권을 바라는 관점도 포함되어 있다. 변화된 인권 현장과 이를 설명한 새로운 인권론에도 관심을 가져야 한다.

둘째, 지역사회 수준에서는 공론화 모델을 활용한 공동체 형성 노력이다. 공론화는 특정한 공공정책 사안이 초래하는 혹은 초래할 사회적 갈등에 대한 해결책을 모색하는 과정에서 이해관계자, 전문가, 일반 시민 등의 다양한 의견을 민주적으로 수렴하여 공론을 형성하는 의견수렴 절차이다. 여러 자치단체에서 공론화위원회를 설치·운영하고 있다. 하지만 플랫폼 노동자들과 아파트 입주민 간의 갈등에 적용된 사례가 없다. 공론화위원회를 통해 은폐된 관계를 복원하고, 노동과 삶의 장소 기반성을 확인할 수 있을 것이다.

마지막으로 불교계의 노력이 필요하다. 사회변화와 그로 인한 새로운 이슈에 대해 사회에서 종교계에 설명을 요구하는 사례가 늘고 있다. 불자를 비롯한 일반시민의 보편책임, 즉 상호의존성과 포용성을 함양하는 시민교육도 그 하나이다. 하지만 불교학계와 교계 언론의 관심은 부족하다. 관심이 부족하기 때문에 이를 불교적 관점에서 이해·해석하고 설명하려는 노력도 부족하다. 사회변화와 그로 인한 새로운 이슈의 발생 그 자체가 연기 현상이라는 점에서 매우 아쉬운 상황이다.

V. 문명전환기,
한국사회의 '관계윤리' 다시 생각하기[1]

사람들 사이의 '관계'는 매우 중요하다. 특히 한국사회에서 관계를 잘 유지하고 관리하는 것은 중요한 덕목이다. 한국사회의 윤리적 전통에서 "어떤 사람이 좋은 사람(성인이나 어진 사람)인가?"라는 질문은 매우 중요하게 다루어진다. 따라서 좋은 사람의 덕목이 있으며, 사람들은 그 덕목을 갖추기 위해 노력한다. 이러한 관점과 전략은 한국사회에서 여전히 적용되고 있다. 하지만 실제 현실에서 이 관점과 전략이 실패하고 있음을 높은 자살률과 그 이유를 통해 확인할 수 있다.

변화된 상황을 고려하면, 이제는 '이상적 인격'을 묻는 질문 대신에 "어떤 관계가 좋은 관계인가?"라는 질문을 던져야 한다. 최근 저자와 연구대상자 사이의 관계윤리, 의료인과 환자 사이의 관계윤리, 조직

1 『사회사상과 문화』 24(3), 동양사회사상학회, pp.75~102 수록.

내에서의 관계윤리 등 특정하고 구체적인 관계에 관심이 증가하고 있다. 그럼에도 여전히 관계에 관한 윤리적 관심은 부족하다. 저자는 이처럼 관계에 대한 윤리적 관심과 전략의 부재가 한국 사람들이 대인관계에 어려움을 겪는 이유라고 생각한다. 이 글은 '대인관계의 어려움'을 하나의 사회문제로 규정하고 실천의 차원에서 이 문제를 다룰 것을 제안한다.

언뜻 관계윤리가 부재하다는 사실은 예의범절로 상징되는 인간관계에 적용되는 관습이 확고한 한국의 문화를 고려하면 매우 어색한 상황이다. 이에 이 글에서는 한국사회에서 사람들 사이의 관계에 적용되는 윤리규범과 그 적용방식, 그리고 한국사회에서 관찰되는 '관계에서의 어려움'을 정리하였다. 또한 현대 한국사회에서 관찰되는 관계에 적용될 수 있는 '관계윤리'의 대안을 제시하려 노력하였고, 그 과정에서 저자는 루만의 도덕이론을 간략하게 정리하였다.

도덕은 사회가 기능분화사회로 이행하면서 독립된 기능체계를 형성하지 못했고, 사회를 통합하는 기능을 상실하였다. 도덕은 각 기능체계의 작동을 보장하는 조건에서 부수적인 역할을 수행할 뿐이다. 하지만 이는 도덕의 기능 상실 혹은 폐지를 뜻하지는 않는다. 도덕은 여전히 상호작용을 성립시키고 유지하는 역할을 수행하며, 각각의 기능체계들의 구조적 조건들에 따라 작용한다. 그리고 도덕을 경험적 현상으로 파악하고 관찰과 분석의 대상으로 설정한다. 이러한 루만의 윤리론에 기초하여 '좋은 관계'란 관계 그 자체에 집중하는 '중中'에 기초하고 '중'이 실현된 관계라고 주장할 것이다.

1. 들어가는 말

사람들 사이의 '관계'는 매우 중요하다. 특히 한국사회에서 관계를
잘 유지하고 관리하는 것은 중요한 덕목이다. 한국사회의 윤리적
전통에서 "어떤 사람이 좋은 사람(성인이나 어진 사람)인가?"라는 질문
은 매우 중요하다. 좋은 사람의 덕목이 있으며, 한국 사람들은 그
덕목을 갖추기 위해 노력한다. 이러한 관점과 전략은 한국사회에서
여전히 적용되고 있다. 하지만 실제 현실에서 이 관점과 전략이 실패하
고 있음을 높은 자살률과 그 이유를 통해 확인할 수 있다.

이제는 행위주체를 대상으로 '이상적 인격'을 묻는 질문 대신에
"어떤 관계가 좋은 관계인가?"라는 질문을 던져야 한다. 최근 연구자와
연구대상자 사이의 관계윤리, 의료인과 환자 사이의 관계윤리, 조직
내에서의 관계윤리 등 특정하고 구체적인 관계에 적용되는 윤리에
관심이 증가하고 있다. 하지만 일반적인 관계에 대한 윤리적 관심은
여전히 부족하다. 저자는 이처럼 "관계"에 대한 관심과 전략의 부재가
한국인이 대인관계에 어려움을 겪는 이유라고 생각한다.

한국사회의 자살률이 매우 높다는 사실은 익히 알려진 사실이다.
그리고 자살생존자 대상 조사에 의하면 한국인이 자살을 생각하고
실행하는 중요한 이유 중 하나는 대인관계에서의 문제이다. 한국인들
은 대인관계(혹은 인간관계)에서 자살을 결심할 정도의 어려움을 겪고
있으며, 이는 사회갈등의 주요 원인이기도 하다.

이 글은 이러한 '대인관계의 어려움'을 하나의 사회문제로 규정하고
실천 차원에서 이 문제를 다룰 것을 제안한다. 사람들은 살아가는

동안 마주칠 수 있는 수많은 대인관계의 문제들에 판단判斷을 내릴 때 참조할 수 있는 윤리적 규칙을 기대한다. 그리고 '규범'이라는 틀을 여러 종교와 학자들이 제시하기도 하였다. 규범은 때로는 사람들에게 효과적으로 설득력 있게 대인관계에서 비롯되는 갈등과 스트레스를 관리하고 예방하는 데 기여하였다. 하지만 최소한 현대 한국사회에 그처럼 효과적이고 설득력 있는 규범은 존재하지 않는 듯하다.

이는 예의범절로 상징되는 인간관계에 적용되는 관습이 확고한 한국의 문화를 고려하면 매우 어색한 상황이다. 이에 이 글에서는 한국사회에서 사람들 사이의 관계에 적용되는 윤리규범과 그 적용방식, 그리고 한국사회에서 관찰되는 '관계에서의 어려움'을 정리하였다. 또한 현대 한국사회에서 관찰되는 관계에 적용될 수 있는 '관계윤리'의 대안을 제시하려 노력하였고, 그 과정에서 저자는 루만의 도덕이론을 간략하게 정리하였다. 즉 루만의 윤리론에 기초하여 한국사회에서 '좋은 관계'란 관계 그 자체에 집중하는 '중中'에 기초하고 '중'이 실현된 관계라고 주장할 것이다.

2. 이론적 논의

현대사회를 기능분화사회로 분석하는 루만의 사회이론을 급진적인 반인간주의로 이해하는 견해도 있다.[2] 첫째, 그에게 인간은 사회 내에 위치하지 않는다. 그는 사회를 고유한 기능을 수행하는 독립된 기능체

---

2 루만 이론의 급진적 성격은 Moeller(2011)를 참조할 것.

계의 구성물로 이해하는데, 인간은 체계 밖 환경에 존재한다. 이는 인간의 배제를 뜻하지 않는다. 루만은 인간을 사회적 체계들의 환경에서 사회적 체계들의 필수불가결한 조건으로 기술한다(루만, 2020: 60).

둘째, 루만의 이론에서 인간은 전인적全人的인 존재가 아니다. 심리적 체계와 유기적 체계로 구분되는 이원적 체계이며, 생명/의식/소통 간 상호침투의 발현체이다(루만, 2020: 49).

셋째, 인간은 단일한 하나의 정체성으로 자신을 규정하지 못한다. 기능분화사회에서 정치, 경제, 법, 과학/학문, 예술 등으로 분화되어 있어서 개별 인격은 전체로서의 사회 어느 한 기능체계에만 정착할 수 없게 되었다(김미경, 2017: 84). 즉 기능적으로 분화된 현대사회에서 개인(인격)은 특정 체계에 완전히 참여할 수 없다. 전통사회에서처럼 한 개인의 정체성은 '단일한 전체'로서 존재하지 않는다. 개인의 정체성은 여러 개로 구성되어 있으며 여러 정체성 중에서 다른 정체성을 압도하는 정체성도 존재하지 않는다.

이러한 급진적 반인간주의는 도덕과도 연결된다.[3] 도덕은 사회가 기능분화사회로 이행하면서 독립된 기능체계를 형성하지 못했고, 사회를 통합하는 기능을 상실하였다. 도덕은 각 기능체계의 작동을 보장하는 조건에서 부수적인 역할을 수행할 뿐이다. 나아가 도덕은 현대사회의 새로운 유형의 도덕적 문제가 발생하였다는 사실도 인지하

---

3 최근 한국학계에서 루만에 대한 관심과 연구가 증가하고 있지만, 그의 도덕이론에 대한 관심은 여전히 그리 높지 않다. 2000년대 초반 서영조(2000; 2002)가 그 시작이고, 10여 년 후에 이철(2011)과 장춘익(2012)의 연구가 발표되었다. 이 논문은 이 4편의 연구에 크게 기대고 있다.

152

지 못하고 있다고 분석한다. 하지만 이는 도덕의 기능 상실 혹은
폐지를 뜻하지는 않는다. 도덕은 여전히 상호작용을 성립시키고 유지
하는 역할을 수행하며, 전체사회에 걸쳐 순환하는 커뮤니케이션 방식
으로 기능체계들에 영향을 미친다(이철, 2011: 4-5). 이때의 소통
(communication) 방식을 그는 "인간적 존중 혹은 무시를 표현하는"
"특수한 종류의 소통"으로 규정한다(Luhmann, 1978: 361; 장춘익, 2012:
164에서 재인용).

　기능분화사회에서 도덕은 각각의 기능체계들의 구조적 조건들에
따라 작용한다. 일례로 스포츠에서 승리/패배 코드는 존중/무시라는
도덕 코드 아래에서 작동하지 않는다. 하지만 도덕 코드는 스포츠의
코드 자체에 대한 존중, 스포츠 규칙의 존중, 기타 규칙화되지 않은
행위 조건들의 준수와 관계된다. 스포츠에서 금지약물 사용과 승부조
작 등이 비도덕적인 행위로 비판받는 이유는 스포츠 코드와 규칙을
무시했기 때문이다(장춘익, 2012: 179-180). 이러한 이유에서 도덕은
현대에도 사회 전체에서 작동한다.

　이러한 관점에서 루만은 도덕 현상에 대한 접근방법을 근본적으로
수정할 것을 주장한다. 그는 도덕을 논증의 대상이 아니라 경험적
현상으로 파악하고 관찰과 분석의 대상으로 설정하였다(이철, 2011:
4-5). 기능분화사회 이전 계층분화사회에서 적용되던 도덕, 특히 관계
에는 다른 관점과 전략이 필요하다는 것이다. 계층분화사회에서 사람
들의 정체성은 단일하였고, 사회와 인간에게 적용되는 규범은 절대적
가치를 지녔고 사회통합의 능력을 지니고 있었다. 하지만 기능분화의
사회에서 전통적 윤리의 관점과 전략을 가지고는 관계의 문제를 해결

하기 어렵다.

3. 한국사회에서의 관계윤리

1) 이상적 인격

한국사회에서 관계에 적용되는 윤리규범의 핵심은 유교의 인仁 이다. '인'을 혹자는 인人과 이二의 합성으로 두 사람 혹은 사람과 사람 사이의 관계를 조화롭게 하는 것으로 이해하며, 혹자는 '인仁'자를 인人과 인人의 합성으로 본다. 이때 인인人人은 '사람이 사람답다' 혹은 '사람을 사람으로 대하다(여기다)'를 의미한다. 이러한 맥락에서 인은 관계에 관한 윤리라고 생각할 수 있다. 하지만 인의 기본 의미는 '관계 그 자체'가 사람이 추구하고 도달해야 하는 경지임을 의미한다.

  공자께서 말씀하셨다. "성인聖人과 인인仁人이야 내가 어찌 감히 되겠다고 할 수 있겠느냐? 하지만 성인과 인인의 도리를 배우고 본받는 데 싫증 내지 않고, 이를 다른 사람에게 가르치는 데 게으르지 않는다고 말할 수 있다."(『논어』 7편 술이 7-33)[4]

  공자는 성인과 인인(仁人; 어진 사람)을 삶의 목표로 제시하고, 그 도를 제자들에게 가르치는 데 열성을 다하였다. 공자는 어진 사람(仁人)의 도리를 여러 덕목으로 제시하였다. 시대와 나라에 따라 강조되는

---

4 子曰 "若聖與仁, 則吾豈敢? 抑爲之不厭, 誨人不倦, 則可謂云爾已矣!"

덕목이 상이하지만, 효와 제[5], 충과 서[6]는 유교에서 인의 근본으로 강조되었다. 이외에도 공恭, 관寬, 신信, 민敏, 혜惠는 인이 구체적인 행동이나 형태로 표현되는 미덕으로 알려졌다.[7] 이처럼 인으로 대표되는 유교의 가치들은 행위자가 취해야 하는 이상적 태도, 즉 보편적 원칙을 규정하고 있다. 사람들 사이의 '관계'가 중심이 아니라 관계에 임하는 사람의 인격 형성이 윤리규범의 목표이다.

5 유자가 말했다. "그 사람됨이 부모에게 효도하고 어른에게 공경스러우면서 윗사람 해치기를 좋아하는 사람은 드물다. 윗사람 해치기를 좋아하지 않으면서 질서를 어지럽히기를 좋아하는 사람은 없다. 군자는 근본에 힘쓰는 것이니, 근본이 확립되면 따라야 할 올바른 도리가 생겨난다. 효도와 공경이라는 것은 바로 인을 실천하는 근본이니라!"(『논어』 1-2) 有子曰, "其爲人也孝弟, 而好犯上者, 鮮矣, 不好犯上, 而好作亂者, 未之有也. 君子務本, 本立而道生. 孝弟也者, 其爲仁之本與!"

6 공자께서 말씀하셨다. "삼아! 나의 도는 하나로 관통된다." 증자는 "예" 하고 주저 없이 대답하였다. 공자께서 나가시자 문인들이 물었다. "무슨 말씀이십니까?" 증자가 말하였다. "선생님의 도는 충과 서일 뿐입니다."(『논어』 4-15) 子曰, "參乎! 吾道一以貫之." 曾子曰, "唯." 子出, 門人問曰, "何謂也?" 曾子曰, "夫子之道, 忠恕而已矣."

7 공恭은 '각종 교유생활에서 사람을 대하는 용모나 태도가 겸허하고 공손함'을 뜻하며, 관寬은 '관용의 정신으로 사람을 사랑하는 표현의 하나이자 사람을 사랑할 때 반드시 갖추어야 하는 조건의 하나'이다. 신信은 '성실함으로 인의 내재적 요구이며 사람이 갖추어야 하는 기본 품성으로 언행일치의 덕목'을 강조하는 가치이다. 민敏은 '부지런하고 총명함'으로 노동의 덕성이지만 모든 일, 정치/공부 등에도 필요한 덕목이다. 혜惠는 '은혜로움'으로 사람을 대할 때 자혜롭고 관후한 태도를 의미한다.

2) 규정적 윤리체계

한국사회의 전통적 윤리체계에서 '특정한 행위가 윤리적인가'라는 판단은 이미 주어진 원칙, 즉 인과 인을 실현하거나 체현한 미덕에 따른다. 이러한 측면에서 한국사회의 윤리규범은 칸트식의 '규정적 판단력規定的判斷力'에 의해 운영된다고 할 수 있다.[8]

이 규정적 판단을 가장 명확하게 보여주는 사례는 규범문법規範文法이다. 규범문법은 언어생활을 올바르게 하려고 일정한 규칙을 정하고 그것을 지키도록 명령하는 문법으로, 문법적인 현상을 순수한 학문적인 관점에서 연구하기보다는 그 나라 말을 잘 이해하고 바르게 사용하도록 하는 실용적인 목적을 가지고 있다(Daum 백과사전).

규범문법에서 문법을 가르치는 방식과 같이, 한국사회에서는 구성원이 따라야 하는 규칙/원칙이 제시되어 있고 이 원칙을 지키는 것이 윤리다. 이러한 맥락에서 『논어』를 비롯한 유교의 경전들은 현실에서 존재할 수 있는 다양한 구체적인 사례들이 이 보편적 원칙에 부합하는지를 판단하고, 판단의 결과를 제시한 내용이다. '규정적 판단'이 한국사회에서 윤리규범이 적용되는 방식으로 활용된다면, 이때의 규범은 경제적, 정치적, 사회문화적 삶의 모든 상황에 적용된다. 관찰

---

8 칸트는 '특수한 것을 보편적인 것 아래 포함하는 판단은 규정적'이라고 주장하고 있다. 반대로 '특수적인 것들이 주어지고 보편적인 것이 그것들을 위하여 발견되어야 한다면 그러한 판단은 반성적'이라고 주장한다. 칸트의 판단력을 쉽게 설명한 개론서는 『칸트의 『판단력 비판』 읽기』(세창미디어, 2012), 『판단력 비판: 비판철학의 환상과 낭만주의로의 여행』(책세상, 2005) 등이 있으며, 대표적인 번역서는 아카넷에서 2009년 출판된 『판단력 비판』이 있다.

되는 모든 구체적인 행위들이 판단되어야 하기 때문이다.[9]

3) 한국사회의 관계윤리에 대한 비판

1990년대 중반 경제위기가 오기 전, 한국과 대만, 싱가포르, 홍콩은 아시아의 네 마리 용으로 고도성장의 상징이었다. 이때 서구의 학계는 이들 국가와 일본의 경제성장을 '아시아적 가치(Asian values)'로 설명하였다. 가족적 가치와 틀이 적용되는 기업문화, 가족의 발전을 위해 선택된 높은 교육열, 경제성장이란 하나의 목표로 뭉친 관료와 기업인 등 가족과 국가 등 집단을 우선하고 인연에 따른 서열을 중시하는 윤리적 태도는 경제성장의 성공 요인으로 분석되었다.

하지만 불과 20~30여 년 만에 아시아적 가치는 '위기의 원인'으로 다시 분석되었다. 가족과 조직을 우선하는 문화는 맹목적인 순응으로, 인연에 따른 서열은 권위주의를 정당화하는 명분으로 비판되었다. 가족체계의 코드가 다른 기능체계의 코드를 침해하는 문화는 경제위기를 거치면서 '부패'를 일으키는 비도덕한 행위가 되었다. 그리고 이는 한국사회의 연고주의, 정실주의, 족벌주의 등의 명칭으로 설명되었다.

계층분화사회에서 '좋은 사람'의 미덕을 원칙으로 제시하고 구체적

---

9 저자의 구분과는 다르지만 베커(Howord Becker, 1957)는 전통사회의 가치체계를 '규정적(prescriptive)'으로, 근대사회의 가치체계를 '원리적(principal)'로 설명하였다. 또한 베커는 규정적 윤리체계는 서구와의 접촉으로 해체되고 변동되는 과정에서 필연적으로 재구성될 수밖에 없으며, 그 방향은 '원리적' 형태를 향한다고 분석하였다. 자세한 내용은 베커(1957)와 로버트 벨라(1981)를 참고할 것.

인 행위를 판단하는 '규정적 윤리체계'는 적절한 적용방식이었다. 하지만 단일한 하나의 정체성이 더 이상 존재하지 않는 기능분화사회에서 좋은 사람의 덕목에 기초한 규정적 윤리체계는 행위에 대한 자의적 해석이 개입하는 공간이 무한히 넓어진다. 이는 다른 기능체계의 코드와 그에 기초한 정체성을 침해하거나 위해를 가하기도 한다. 언론에 자주 등장하는 "귀에 걸면 귀걸이, 코에 걸면 코걸이" 비유가 바로 이 규정적 윤리체계에서 비롯된다.

4. 한국사회에서 관찰되는 관계의 양상

1) 대인관계에서 경험하는 어려움

많은 한국 사람들이 사회에서 용인된 윤리적 태도가 더 이상 도덕적이지 않는 상황을 반복적으로 경험하고 있다. 비도덕적 상황에 처한 관계에서 발현되는 스트레스와 어려움은 축적되고 있지만, 이를 해소할 마땅한 출구가 보이지 않는다. 한국사회의 높은 우울감과 자살률은 이와 연관되어 있을 것으로 생각된다.

한국사회에서 사람들이 경험하는 대인관계의 어려움은 '자살률'과도 긴밀하게 연결되어 있다고 추론할 수 있다. 앞서 언급한 자살률은 인구 10만 명당 23.0명(217년 기준)으로 OECD 회원국 중 가장 높고, OECD 평균(11.2명)보다 2.1배 높다. 2019년도에는 26.9명으로 증가하였고, 자살자 수는 13,799명이다. 자살률이 최고치였던 2011년과 비교하면 감소하였지만, 여전히 높은 수준이다(보건복지부·한국생명존중희망재단, 2021).

또 다른 조사(『2018 자살 실태조사』)를 통해 한국사회에서 자살과 대인관계의 연관성을 확인할 수 있다. 일반인들을 대상으로 하는 '자살에 대한 태도(ATTS, Attitudes towards suicide)조사' 중에서 '자살 동기에 대한 유추' 항목은 자살시도가 대부분 대인관계 갈등에서 기인한다는 태도와 인식을 담고 있다. 이 항목에 대해 약 31.8%가 동의한다고 답변하였다. 성과 나이에 따른 차이는 없었고 도시에 살수록 점수가 높은 경향을 보였다. 2013년 조사에 비해 동의한다는 응답 비율이 조금 증가하였다. 이러한 변화에 대해 조사 참여자들은 '자살 정책과 게이트 키퍼 교육 등의 효과로 일반 국민의 자살에 대한 지식과 인식이 상승한 결과'라고 해석하였다(서울대학교 의과대학, 2019: 115, 125, 204, 205).

자살시도자를 대상으로 하는 조사에서는 더욱 직접적인 내용을 확인할 수 있다. 일반적으로 자살 연구에서 자살시도자는 자살에 의해 사망한 사람들을 의미하는 것으로 받아들여진다. 하지만 이 글에서 인용한 조사의 자살시도자는 자살생존자를 뜻한다. 이들은 전국생명사랑위기대응센터 참여 병원 응급실에 자살시도를 이유로 방문한 사람들이다. 응급실 내원 당시 사망 상태로 도착한 자살시도자와 면담 거부자는 조사대상에서 제외되었다. 즉 서울대학교 의과대학(2019)에서의 자살시도자들은 자살을 시도한 경험이 있고 생존한 사람들 중에서 면담에 응한 경우이다. 실제 자살을 시도한 경험이 있는 생존자들이 자신의 상황을 직접 진술하게 한 연구라는 의미가 있다.

자살시도자의 주관적인 자살시도 원인 조사(중복응답)에서 정신과적 원인이 35.1%로 가장 높았고, 두 번째로 대인관계 문제가 30.3%로 높았다. 이처럼 대인관계 문제가 자살시도의 원인으로 높은 비율을 차지하고 것은 한국사회의 큰 특징이다. 나아가 '정신과적 증상'과 '외로움/고독'도 대인관계 문제와 연관되었을 가능성이 크다는 점을 고려하면, 대인관계 문제의 심각성은 더욱 커진다(서울대학교 의과대학, 2019: 166).

자살시도 원인인 대인관계 문제를 보다 세부적으로 확인하면, 가족관계가 47.3%, 연인/배우자관계 42.2%, 친구 6.2% 순서이다. 절반에 가까운 47.3%의 사람들이 가족관계에서 발생한 관계의 문제로 인해 자살을 시도한 경험이 있다. 이는 한국사회의 독특한 특성과 연관되어 파악될 수 있다.[10] 또한 이미 가족의 한 구성원이며 가족처럼 친밀한 배우자/연인이 대인관계 문제라는 응답도 42.2%에 이른다(서울대학교 의과대학, 2019: 167-168). 이처럼 한국인들은 대인관계에서 자살을 결심할 정도의 어려움을 겪고 있으며, 이는 사회갈등의 주요 원인이기도 하다.

2) 한국사회 대인관계의 특성

한국인들이 경험하는 이러한 어려움은 대인관계를 중시하는 한국문화의 특성으로 이해된다. 여러 조사결과들은 '한국인들이 대인관계를 중시한다'는 인식을 뒷받침해 준다. 이 글에서는 여러 연구 중에서 아래의 두 조사결과를 특별히 주목하고 있다.

첫 번째는 한국인의 신뢰범위에 관한 조사결과이다. 2005년의 세계

---

[10] 한국사회의 가족에 부과된 강한 밀도는 관계악화의 한 원인으로 생각할 수 있다. 이를 가족중심주의의 관점에서 다룬 이명호(2020)의 논문을 참고할 것.

가치관조사에 의하면 한국인의 신뢰범위는 가족 중심으로 집약된 형태이다. 한국의 신뢰 범위를 OECD 회원국과 비교하면 가족 중심의 좁은 신뢰를 보여주는 특징이 잘 드러난다. 가족과 개인적 친분이 있는 사람 등과 같이 자신과 밀접한 관계의 경우는 신뢰한다는 비율이 80%를 넘으며, 이웃을 신뢰한다는 비율도 약 69%에 달한다. 하지만 처음 만난 사람이나 외국인을 신뢰한다는 비율은 30%에도 이르지 못한다. 이는 일반적 신뢰가 매우 낮으며, 가족을 중심으로 사고하고 있음을 보여준다.

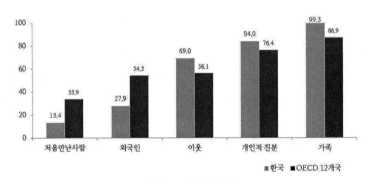

출처 : 세계가치관조사 2005; 이동원·정갑영 외 (2009)에서 재인용

〈그림 6〉 신뢰의 범위 비교

이러한 신뢰범위는 최근 더욱 축소되었다. 「2019년 한국인의 의식·가치관 조사」에 의하면 '개인적 친분이 있는 사람'을 신뢰한다는 비율은 88.8%로 증가하였지만, 이웃을 신뢰한다는 비율은 62.9%, '외국인'을 신뢰한다는 비율은 11.7%, '처음 만난 사람'을 신뢰한다는 비율은 10.9%로 감소하였다. 이 조사에서는 '가족'에 대한 신뢰를 묻지 않았지

만, 가족에 대한 신뢰수준은 최소한 비슷하거나 증가하였을 것으로
예상된다. 같은 조사에서, 살면서 겪게 되는 주요한 문제가 발생했을
때 도움을 청하는 대상, 즉 사회적 지지의 대상으로 가족이 최우선적으
로 고려된다는 결과가 그 이유이다(문화관광부, 2019).

두 번째로 한국인들은 자신이 속한 집단의 보존과 성장을 위해
'관계 유지'를 최고의 가치로 여긴다는 조사결과도 있다. 한국인들은
관계 유지를 위해 때로는 사적 규범과 공적 규범이 상충할 때 사적
규범을 먼저 고려한다.

김기범 등의 연구(2002)에 의하면, 대인관계 속에서 지켜야 하는
사적 규범과 사회적 차원에서 지켜야 하는 공적 규범이 서로 갈등을
일으킬 때 대부분 한국인은 '관계 유지'를 위해 사적 규범을 지킨다.[11]
이 결과의 의미에 대해, 김기범 등은 '도덕성이 결여되어 있다'고 해석할
수도 있지만, 도덕성에 대한 판단을 유보하였다. 그 이유로 한국인과
미국인은 비슷한 수준의 도덕적 가치를 가지고 있다는 연구결과를
소개하면서, 이 결과를 도덕적 가치판단과 같은 차원에서 비교하는
것에는 어려움이 있다고 정리하였다. 저자도 위의 연구결과를 "도덕성
의 유무"로 해석하는 것에는 무리가 있다고 생각한다.

세 번째로 한국인들의 대인관계에서 중요한 특징은 학연學緣과 지연

---

11 사적 규범과 공적 규범이 상충할 때 한국인들이 어느 것을 더 중시하는가는
학계의 주된 관심 중 하나였으며, 심리학계에서는 양적 방법론을 활용하여 이를
검증하였다. 대부분의 연구들은 본문에서 소개한 김기범 외(2002)의 연구결과와
유사하게 갈등상황에서 관계중심적 해결을 추구(Kim & Kim 1997)하거나 관계를
중요하게 여기는 것(한규석, 2000)으로 조사되었다.

地緣을 "가족의 틀"로 재규정하고 '유사가족화'하는 것이다. 계약 등에 의존한 관계일 경우에도 관계를 보다 안정적으로 유지하기 위해 더욱 높은 신뢰에 기초한 관계로 변형하는 경향도 강하다. 가족 이외의 관계를 '가족관계'의 용어를 빌려서 재명명하고 기존의 관계를 가족관계에 따른 의무와 권리의 관계로 해석함으로써 기존의 관계는 서로에게 더욱 안정적인 관계로, 그리고 그 관계를 유지하고 보존하는 것을 올바른 일이라 여겨지게 된다. '2차 집단'에서의 관계도 높은 신뢰성을 가진 형태로 관계를 재구성하고, 이 관계의 유지를 다른 무엇보다 우선시한다. 이러한 현실에서 한국인들은 대인관계에 많은 어려움과 실패, 스트레스를 경험하고 있다. 앞서 언급했듯이 한국인들이 자살을 시도하는 주요한 원인이 '대인관계'라는 조사결과는 이러한 점을 가장 극명하게 보여주고 있다(보건복지부, 2014; 서울대학교 의과대학, 2018).

또 하나 살펴볼 문제는 대인관계의 어려움이 사회갈등으로 확대되고 있다는 사실이다. 최근 한국사회에서는 사회갈등이 심각한 정도로 악화하고 있다. 여러 가지 통계자료를 제시하지 않더라도 한국사회 갈등은 매우 심각한 수준임을 체감하고 있다. 여론에 자주 노출되는 갈등의 양상도 매우 다양하다. 빈부격차, 노동자와 경영자 간의 갈등, 노동자와 중산층의 갈등, 노동자와 중산층 간의 갈등, 정규직과 비정규직 갈등, 대기업과 중소기업 갈등, 주택소유자와 무주택자 갈등, 젊은 사람과 나이든 사람 간의 갈등, 여당과 야당, 수도권과 지방, 도시와 농어촌, 영남과 호남, 강남과 강북 등 갈등의 양태는 다양화되고 있으며, 그 정도도 매우 첨예화되고 있다. 일부 영역에서는 갈등이 물리적 형태로 표출되기도 하고 있다.

갈등은 어느 사회에나 존재하는 현상이다. 권력, 사회적 지위, 자본의 한 속성인 희소성으로 인해 이것들을 둘러싼 갈등은 어찌 보면 매우 흔한 현상이다. 그럼에도 최근 한국에서 발생하는 사회갈등은 관리되지 못하고 있으며, 상대방에 대한 적대감으로 즉각적으로 표출되고 있다는 점에서 심각하다.

최고 수준인 자살률과 이혼율, 그리고 최저 수준인 출산율은 한국의 갈등 현실과 무관하지 않다. 또한 사회갈등은 사람들의 신뢰에도 직간접적으로 영향을 주며, 신뢰의 범위를 더욱 친밀한 관계로 축소시킬 것으로 예상된다. 이는 한국인들이 사회갈등이 점점 더 악화되고 있다고 생각하기 때문이다. 2012년 조사에 의하면, 현재 한국사회의 갈등 수준은 과거 5년 전에 비해 높아졌으며, 향후 5년 후의 사회갈등의 정도는 현재와 비슷하거나 조금 높아질 것으로 평가하였다. 즉 한국인들은 우리 사회의 갈등수준이 더욱 악화될 것으로 예측하고 있다.[12] 이처럼 코로나19 이전의 다양한 지표들에서도 많은 한국인들이 대인관계에서 문제를 경험했다는 점을 추측할 수 있다.

3) 코로나19 발생 이후의 관계 양상

코로나19 발생 이후, 방역조치로 도입된 사회적 거리두기와 그에 따른 후속 조치들이 2년 이상 지속되었다. 이로 인해 사회의 여러

---

12 사회갈등이 매우 심각하다고 인식하는 경우는 10점, 매우 심각하지 않다고 인식하는 경우는 1점으로 하여 선택할 수 있도록 구성하였다. 과거 5년 전은 5.54점, 현재는 6.25점, 향후 5년 후는 6.27로 평가되었다(임상규, 2012, 『사회갈등, 사회통합에 대한 실태조사』, 한국행정연구원).

영역이 영향을 받았다. 대인관계에서도 마찬가지이다. 대인관계와 관련해서 대면 접촉보다는 비대면을 권장하는 생활양식, 방역을 위해 일부 제한된 사람들과만 함께하고 교류하는 소셜 버블(Social bubble)이 등장하였다. 이로 인해 코로나19 대응 과정에서 '관계의 단절'을 경험한 사람들이 증가하였다.

한동안 비대면이 기본적인 관계 맺기 방식이 되었고, 사적 목적의 만남 자체도 방역을 이유로 자제하기도 하였다. 사람 간의 접촉이 줄어들면서 우울감과 고립감을 호소하는 사람들이 증가하는 현상도 발생하였다. 코로나 블루(corona blue)는 격리치료 중인 감염자와 감염경로 차단을 위해서 자가격리 중인 격리자 및 감염자의 가족, 의료진 등 감염병 예방과 치료를 위한 상황에서 스트레스를 받는 사람들뿐만 아니라 코로나19 팬데믹에 의해 장기화된 사회적 거리두기 등 눈에 보이지 않는 격리 상황을 겪고 있는 일반인에게서도 발견되었다.

이러한 비대면 생활은 엔데믹으로의 전환 이후에도 주요한 삶의 방식으로 정착할 것으로 예상된다. 주요 방역조치들이 완화되면서 대면생활이 증가하고 있지만, 코로나19 팬데믹에서 경험한 온라인 네트워크를 통한 비대면 생활은 삶의 주요한 요소로 자리 잡아 가고 있다. 일례로 재택근무가 주요 기업들에서 새로운 근무형태로 정착하고 있다.

5. 한국사회에서의 '좋은 관계'

1) 실천윤리로서 "좋은 관계"

사회변화로 인해 기존에는 존재하지 않았던 새로운 문제가 발생하거나, 기존의 사회문제에 적용되는 관점 대신에 새로운 관점의 필요성이 제기되기도 한다. 이러한 맥락에서 기존 윤리체계에서 존재하지 않았거나 그리 중요하게 다루어지지 않았던 영역이 새로운 윤리영역으로 탐구된다. 동물윤리, 인터넷윤리, 환경(기후변화)윤리, 생명윤리 등이 대표적이며, 소수자우대문제, 안락사문제 등도 새로운 윤리문제로 다루어지고 있다. 이처럼 최근의 사회변화 결과로서, 현실적인 문제로 대두되고 있는 윤리문제들은 루만의 주장처럼 각각의 기능체계들의 구조적 조건들에 따라 도덕이 작용하고 있음을 보여준다.

도덕은, 특히 관계에서의 윤리는 이론적 분석의 대상이 아니라 각각의 기능체계 안에서 발생한 구체적 상황에서 어떤 역할을 한다. 그래서 관계윤리는 실천의 의미를 지닌다. '대인관계'도 하나의 실천영역으로 다루어져야 한다.

저자는 현실적 삶의 문제로서 구체적인 대인관계에 적용할 수 있는 좋은 관계의 모델을 동양사상에서 '다시' 찾을 수 있을 것이라 기대한다. 동양사상은 서양사상에 비해 개인보다 관계를 중시한다고 여겨진다. 서양에서는 개인은 하나의 뚜렷한 객체로서 '남들과 다른 나'를 의미한다. 하지만 동양에서 개인은 '타인과의 관계 속에서 드러나는 나'를 의미한다. 서양에서 개인의 고유성은 그 어떤 관계 속에서도 고정되어 불변한 것으로 이해되며 관계는 계약과 약속 등과 같은 의미를 가진다.

이와 달리 동양에서 관계 속의 개인은 자신의 고유성을 집단에 맞추어 변화·순응시키고 전체와 융화된다. 이러한 맥락에서 유교에서는 사람들 간의 관계를 5가지로 유형화하고 각각의 관계에 적용되는 '원칙'을 오륜五倫으로 제시한다. 불교에서는 사람들 간의 관계를 인연因緣의 관점에서 정리하며 자비와 평등을 관계에 적용되는 원칙으로 정리하고 있다.

『논어』를 비롯한 원시 유교의 경전들에 오륜의 올바른 실천이 무엇인지에 대한 공자와 제자들의 문답이 기록되어 있다. 이후 송대에 이르러 좀 더 체계화된 형태로 '예'를 정리한 서적들이 발간되었다. 『삼강행실도三綱行實圖』, 『소학小學』, 『열녀전烈女傳』, 『내훈內訓』 등이 그 예이다. 불교의 수많은 경전에도 사람들 간의 관계를 '연기'적 관점에서 어떻게 이어가야 하는지가 제시되어 있다. 하지만 앞서 언급한 바와 같이 동양의 고전적 윤리가치들은 '관계에 임하는 태도와 행위'에 관한 내용이며, 복잡하고 다양한 현대의 관계들을 포괄하기에는 너무 단순하다는 한계가 있다.

2) '중中'에 기초한 좋은 관계

(1) 동양사회에서 '중中' 개념

이 글에서는 '좋은 관계'를 '중中' 개념에서 찾고자 한다. '중中' 개념은 동양철학, 특히 유교와 불교의 핵심 개념이다. 방동미方東美[13]는 "중국 철학의 지혜는 그 중中을 잡고, 위대한 조화를 보전하는 데 있다"라고

---

13 방동미(方東美; Thome H. Fang, 1899~1977): 대만의 대표적인 중국 철학자.

하며 이 중을 통해 "모든 생령生靈이 본성을 다할 수 있고, 내외를 겸비한 성인聖人의 도道를 아우를 수 있고, 천지의 변화와 생육을 도울 수 있고, 천지의 신묘神妙한 사업에 참여할 수 있고, 도덕자아의 최고경계를 완성할 수 있다"라고 주장하였다.

요堯임금이 순舜임금에게 제위를 물려주면서 '진실로 중용의 도를 지킬' 것을 명하였고, 순임금이 우禹임금에게 천하를 물려줄 때도 진실한 마음으로 '중'을 근본으로 삼을 것을 명하였다.[14] 이러한 이유에서 '중'의 도는 정치적 관점에서 해석되기도 한다. 하지만 이 연구에서는 '중'은 철저하게 '관계에 관한 윤리'라는 관점과 실천의 관점에서 살펴보았다.

중中이라는 한자는 보기에는 간단하지만 다양한 내용을 담고 있다. 대략적으로 중에는 중앙中央, 내內, 중간中間, 중정中正, 중개仲介, 반半, 합당合當, 명중命中 등이 다양한 의미를 담고 있다. 이러한 다양한 의미가 있지만, 문자 생성 초기에 중은 단순히 중앙이나 중심을 의미하던 구체적인 개념에서 시작하였다. 그러다 구체적 개념으로서 중中자의 의미가 확대되어 추상적 개념으로 변화되었다. 이때 중은 중정中正, 곧 "지나치거나 모자람이 없고 어느 쪽에도 치우침이 없이 곧고 바름"으로 이해되었다. 이러한 맥락에서 '중'의 의미는 사람들의 생활 속에

---

14 요임금께서 말씀하셨다. "아아, 그대 순이여! 하늘의 정해진 뜻이 바로 그대에게 와 있으니, 진실로 중용의 도를 지키도록 하라. 천하가 곧 궁해지면 하늘이 내려주신 천자의 자리도 영원히 끊어질 것이다." 순임금도 또한 이 말씀으로 우임금에게 명하셨다.(『논어』「요왈堯曰」 편) 堯曰 "咨 爾舜 天之曆數在爾躬 允執其中 四海困窮 天祿永終" 舜亦以命禹.

두루 펼쳐져 있으며, 최고의 이상적인 상태 혹은 최고의 도덕표준으로
이해되었다. 이 중의 개념이 관계에서 실현되는 것이 바로 '좋은 관계'의
실현이다.

(2) 유교의 중中

중中 사상에 관한 대표적인 유교경전인 『중용中庸』[15]에 '중'은 '천하
모든 것의 가장 큰 근본'[16]으로 기술되어 있다. 이 '가장 큰 근본'을
주자는 하늘이 내린 성性, 즉 천하의 이치로 해석한다.[17] 이 해석에
따르면 '중'은 온갖 사물이 그러하도록 존재하게 하는 이치로 이해된다.
정자程子는 이를 보다 구체적으로, 편벽되지 않음을 중中, 바뀌지
않음을 용庸이라고 해석하였고, 중中은 천하의 바른 길이요, 용庸은
천하의 정해진 이치라고 하였다.[18] 여기에서 편벽되지 않는다는 것은,
'중'이 한쪽으로 치우치는 극단極端을 경계하고 구성원들 간의 균형적
관계를 의미한다. 『중용』에는 이를 "집기양단執其兩端" 또는 "무과불급
無過不及"으로 표현하고 있으며, 이는 중이 구체적으로 표시되는 극단

---

15 일반적으로 『중용』은 동양의 윤리문화를 대변하는 대표적인 책으로 손꼽힌다.
　　그러나 『중용』은 송대에 성리학이 성립하면서 『예기』의 한 편에서 독립된 유교경
　　전으로 독립되었다. 이러한 측면에서 중국의 사상사학자 서복관徐復觀은 『중
　　용』은 도덕의 보편성과 필연성을 보장해주는 이론적 기초를 제공한다고 하였다.
　　(주희 엮음(1999), 김미영 역, 「유교윤리의 입문서, 『대학』·『중용』」, 『대학·중용』, 홍익
　　출판사).

16 『中庸』 中也者天下之大本也.

17 『中庸章句』 朱子註, 大本者天命之性.

18 『中庸章句』 子程子曰 不偏之謂中 不易之謂庸 中者 天下之正道 庸者 天下之定理.

에서 출발하여 극단의 균형과 조화를 지향한다는 점을 보여준다. 『중용』에는 중中이 훼손된 상태를 드러내고 관계의 균형과 조화를 강조하고 있다.

공자가 다음과 같이 말했다. "도가 행하여지지 않는 이유를 나는 안다. 지혜로운 사람은 너무 지나치고 어리석은 사람은 미치지 못하기 때문이다. 도가 밝게 드러나지 않는 이유를 나는 안다. 현명한 사람은 너무 지나치고 못난 사람은 미치지 못하기 때문이다. (『중용』 4-1)[19]

도가 행해지기 위해서는 행위자의 성격, 지위, 성향, 능력과 무관하게 균형 있고 공정한 행위가 필요하다. 공자는 지혜롭고 현명한 사람이더라도 그의 행위가 극단에 치우칠 경우 도를 행하지 못한다고 언급하고, 극단을 배제하는 타협을 통해 균형에 이르고 이를 통해 도를 실행할 것을 가르치고 있다. 공자는 이러한 균형적 관계를 실천한 사람으로 순임금을 제시하고, 그 이유 중 하나로 '양극단을 파악하고 그 가운데를 백성들을 다스리는 데 사용(『중용』 6)'한 것을 제시하였다.[20] 이러한 맥락에서 주자는 중용을 '편벽되지 않고 치우치지 않으며 지나치거나 미치지 않음이 없는 것이고 평이하고 떳떳한 이치'라고

---

19 子曰 道之不行也 我知之矣 知者過之 愚者不及也. 道之不明也 我知之矣 賢者過之 不肖者不及也.

20 子曰 舜其大知也與 舜好問而好察邇言 隱惡而揚善. 執其兩端 用其中於民 其斯以 爲舜乎.

정의하였다.[21]

중니는 다음과 같이 말하였다. "군자는 중용에 따라 행동하고, 소인은 중용에 반하여 행동한다. 군자의 중용이란 군자의 덕을 갖추고 있으면서 때에 맞추어 중에 따라 행동함이다. 소인의 중용, 즉 소인이 중용에 반하여 행동하는 것은 소인의 마음을 가지고 있으면서 아무런 거리낌 없이 행동함이다."(『중용』 2-1~2)[22]

"때에 맞추어 중에 따라 행동(時中)"하는 것은 현실의 상황과 조건에 맞추어 구성원들은 그 행위를 적합하고 적절하게 조정하는 것이다. 조직/집단의 재정 상태에 따라, 구성원들의 성향 또는 구성비에 따라, 조직(혹은 관계)이 처한 상황에 따라 자신의 행동을 현실에 적합하게 조정한다. 이러한 측면에서 보면 강한 추진력이라도 현실을 고려하지 않고 일을 밀고 나가는 경우는 조직의 관계에 해를 가하는 행위라 할 수 있다. 이처럼 현실 적합성을 고려하지 않는 행동을 공자는 '아무런 거리낌 없는 행동'으로 그 무모함을 비판하였다.

문제는 이러한 균형을 지향하고 현실 적합한 관계를 통해 추구하는 목적이 무엇인가라는 질문이 남는다. '중'이 '순리에 따르고 자신의 직분에 충실할 것(『중용』 14)'[23]을 요구한다는 점에서 권위주의이며

---

21 『中庸章句』(註) 中庸者 不偏不倚 無過不及 平常之理.

22 仲尼曰 君子中庸 小人反中庸. 君子之中庸也 君子而時中 小人之[反]中庸也 小人而無忌憚也.

23 君子素其位而行 不願乎其外. …… 故君子居易以俟命.

체제유지에 기여한다는 비판도 가능하다. 하지만 '중'은 '선善'을 목적
으로 하고(『중용』 8)[24], 백성을 지향한다(『중용』 6)는 점에서 조직/집단
과 구성원의 발전을 위한 "좋은 관계"를 지향하는 것이란 평가가 가능
하다.

(3) 중도中道

불교에서 중도는 붓다의 초기 수행과 깊이 연관되어 있다. 출가 초기,
붓다는 고행과 극단적인 금욕생활로 죽음에 가까이 이르렀고, 그
순간 육체와 정신을 억압하는 수행으로는 깨달음에 이를 수 없다는
점을 알아차렸다. 그리고 고행도 아니고 감각적 쾌락도 아닌 중도를
받아들인다.

이러한 측면에서 중도는 모든 모순과 대립된 양극단을 초월하고
버림으로써 두 극단이 서로 통하게 되어 하나가 되는 것을 의미한다.
일체의 '있음'과 '없음' 등의 견해가 전혀 없고 또한 없다는 견해도
없는 것이 중도의 견해이다(성철, 1992). 이는 불교의 중도가 극단적인
두 견해를 떠남으로써 포용하는 것을 의미한다. 여기에서 극단적인
두 견해를 포용하고 융합한다는 것은 중간의 입장, 즉 중립적인 의견을
취한다는 의미는 아니다.

부처는 중도를 받아들이고 깨달음을 얻은 후 행한 최초의 법문에서
중도에 이르는 방법 8가지를 제시하고 있다. 팔정도(八正道; Noble
Eightfold Path)는 정견正見에서 시작되어 정정正定에서 마무리된다.[25]

---

24 子曰 回之爲人也 擇乎中庸 得一善則拳拳服膺 而弗失之矣.
25 정견正見: 바른 견해, 정사유正思惟·정사正思: 바른 생각, 정어正語: 바른 말,

이때 '바르다(正)'는 현실을 있는 그대로 바라보는 통찰력을 뜻한다.

이와 같이 나는 들었다. 어느 때 부처님은 바라나시의 이시빠따나의 사슴동산에 계셨다. 부처님은 다섯 명의 비구들에게 이렇게 가르치셨다. "비구들이여, 출가 수행자는 두 가지 극단을 피하여야한다. 무엇이 두 가지인가? [첫 번째는] 감각적인 쾌락에 몰두하는것으로 이것은 저열하고, 천박하고, 하찮고, 유익함이 없으며, [두 번째는] 지나친 고행에 몰두하는 것으로 이것은 고통스럽고, 저열하고, 유익함이 없는 것이다. 여래는 이 두 가지 극단에 치우침이 없이 중도를 깨달았다. 중도는 통찰력을 주며, 지혜를 주며, 평화를 주며, 깨달음으로 이끌고, 열반으로 이끈다.[『쌍윳다 니까야: 56』; 일아 편역(2008), 『빠일리 경전』에서 재인용]

중도는 이분법적 사고를 넘고 극단적인 견해를 피해서 현실을 있는그대로 바라보는 것을 의미한다. 극단에 치우친 잘못된 견해는 잘못된인식에 이르게 하고, 잘못된 인식에서 두려움, 화, 분별심, 절망과같은 괴로움이 일어나기 때문이다.

두 번째로 중도는 관계에 대한 집착을 벗어날 것으로 주장한다. 불교의 주요 교리인 제행무상諸行無常과 제법무아諸法無我는 나 자신도영원하지 않다는 의미로, 자신이 속한 조직/집단, 그리고 관계에 대한집착이 무의미함을 말하고 있다. 제행무상은 '관계'도 끊임없이 변화하

정업正業: 바른 행동, 정명正命: 바른 생활, 정정진正精進·정근正勤: 바른 노력, 정념正念: 바른 마음챙김, 정정正定: 바른 집중.

여 관계의 목적과 내용, 성격도 현재의 상태로 유지되지 않는다는 의미이다. 때문에 과거의 그것에 집착하지 않고, 현재의 있는 그대로의 모습을 관찰하고, 그 결과에 따라 행위를 조정해야 한다. 이러한 중도적 관계에서는 소통이 중요시된다. 지속적으로 변화의 결과를 확인하고 자신의 변화를 전달하는 과정이 필수적이다. 이를 위해서는 서로에 대한 신뢰가 마련되어야 하고, 자신의 규범을 다른 한쪽에 강요해서는 안 된다.

세 번째로 중도는 연기법을 고려한다. 관계를 형성하고 있는 다양한 조건들과 구성원들이 변하지 않고 언제나 존재한다고 생각하면 개인 (자아)이 항상 주체적으로 행위하고, 구애됨이 없이 언제나 스스로 만들어 나간다고 생각하기 쉽다. 하지만 굳이 불교의 연기법을 설명하지 않더라도, 현실은 전혀 그렇지 않다. 관계가 처한 상황은 일시적으로 여러 조건의 결합에 의해 만들어진 것이다. 중도의 관점에서 현재의 생황을 직시하고, 현재의 조건이 일어나게 되는 조건을 탐구한 이후에 행위 등을 마련해야 한다.

6. 맺음말

동양에서는 관계의 종류를 유형화하고, 그에 따라 필요한 덕목을 논할 정도로 관계를 중시하였다. 하지만 '관계 그 자체'보다는 관계에 참여하는 행위주체 개인의 도덕적 완성을 위해 필요한 미덕을 중요하게 생각하였다. 이러한 관점과 전략은 계층분화사회에서는 유효했지만, 기능분화사회에서는 더 이상 유효하지 않다.

　각각의 기능체계에서 작동을 위한 코드는 상이하며, 이 코드를 존중하지 않는 행위는 비도덕적 행위이다. 하지만 여전히 한국사회는 가족체계의 코드 아래에서 다른 기능체계의 코드를 작동시키려 시도한다. 어느 기능체계에서 관계를 맺더라도, 일정한 시간이 흐른 듯 친밀성이 증가하면 관계의 호칭이 가족관계의 호칭으로 변환되는 것이 대표적인 예이다. 그리고 이러한 관계가 중첩되는 가족관계는 그 밀도가 더욱 가중된다. 이러한 이유에서 관계에 많은 어려움을 겪고 있는 한국인들에게 '이상적 인격'에 기초한 관계윤리의 전략은 큰 도움을 주지 못하였다. 이 연구에서는 탐색적 차원에서 동양의 중中 사상에 기반하여, '좋은 관계'를 크게 3가지로 정리하였다.

　첫째, 좋은 관계는 관계가 관찰된 기능체계의 코드를 존중하는 불편부당不偏不黨한 관계이다. 기능체계의 재생산을 위한 작동이 정파政派와 학연과 지연 등 친소親疎에 따라 관계의 균형추가 움직이지 않고, 해당 기능체계의 코드 중심中心에서 균형을 유지하는 관계이다.

　둘째, 좋은 관계는 화이부동和而不同한 관계이다. 현대사회에서 사람들은 다양한 사회영역 참여하고 정치-투표자, 경제-소비자, 과학-저자, 예술-예술가 등으로 참여한다. 그리고 각각의 기능체계에서 관계를 맺는다. 즉 사람들은 특정한 관계에 완전히 속할 수는 없다. 여러 개의 불완전한 관계 속에서 현대인은 위치한다. 이러한 이유에서 현대사회에서 개인은 관계에 불안하고 불만족하고 끊임없이 관계를 추구한다. 모든 관계가 불완전할 수밖에 없음을 인정하고 관계들의 조화를 추구할 때 "좋은 관계"가 가능하다. 하나의 기능체계에 기초한 특정한 관계로 자신의 온 존재를 규정하려는 관습에서 벗어나야 한다.

셋째, 좋은 관계는 구성원들이 관계를 지나치게 여기지도 방치하지도 않는 관계이다. 상대방과의 상호성을 존중하는 관계이다. 극적인 예로 스토킹과 헬리콥터맘, 사생팬 등처럼 관계에 지나치게 집착하여 상대방을 무시하는 경우는 좋은 관계가 아님이 분명하다. 반대로 아이를 방임하는 부모와 관계를 절연絕緣한 채 지내는 부모와 자식들의 관계는 관계에 대한 애착이 모자라는 경우로 역시 좋은 관계가 아니다. 좋은 관계는 관계 그 자체가 현실에 부합하도록 구성원들은 행위가 지나치거나 모자라지 않도록 마땅해야 하는 일을 하는 관계이다.

보론:

한국사회의 공정과 능력주의 담론 다시 보기

─ 사회정의(사회복지 가치)의 관점에서[1]

한국사회의 불평등 정도를 나타내는 지표는 지속적으로 악화하고 있다. 불평등은 소득과 자산, 교육, 주거, 가족 형성 등과 밀접하게 관계를 맺고 있으며, 세대를 거쳐 세습된다. 또한 불평등은 개인적 차원에서 신체적·심리적 문제를 일으키고, 이는 다양한 사회문제로 이어진다. 그래서 불평등에서 비롯되는 다양한 문제와 세습 메커니즘을 해소하기 위해 현재의 사회제도, 특히 복지제도를 개선해야 한다는 요구가 많다.

그러나 다른 한편에서는 재분배에 의한 소득보장체계가 불공정하고 부정의不正義하다는 비판이 공고하게 퍼져 있다. 이 비판들은 공정 (fairness)과 능력주의(meritocracy)로 포장되어 유통되며 주로 청년

---

1 『사회사상과 문화』 24(4), 동양사회사상학회, pp.123-153 수록.

남성들에 의해 재생산되고 있다. 신자유주의 정책이 전면화되면서 보수언론을 통해 유포되기 시작한 공정과 능력주의 담론은 이제는 특정 계층이 아닌 한국사회의 주요 가치가 되었다. 같은 흐름에서 '정의'에 대한 인식이 변화하고 있다. '차별과 불평등을 개선하는 것'에서 '규정과 절차에 따라 경쟁하고 그 결과를 수정하지 않는 것'으로 정의의 내용이 변화하고 있다. 불평등과 같은 사회적 격차는 규정과 절차에 따른 경쟁의 결과로 정당한 것, 그 결과를 수정하려는 정책적 노력은 정의롭지 못한 것으로 이해한다.

이 글은 이러한 변화를 사회정의를 추구하는 사회복지 가치의 관점에서 검토하고 그 의미를 분석하였다. 언론은 특정한 목적을 위해 프레임을 만들고, 프레임에 의해 관찰한 것을 선택하고 그것을 편집하여 정보로 제공하는 뉴스를 반복함으로써 실체가 아닌 실재를 끊임없이 구성한다. 최근의 '공정과 능력주의 담론'도 그 대표적인 사례이다.

사건에 대한 해석, 선택, 강조 그리고 배제를 통해 구성된 실재이다. 그리고 이제는 현실로서 사회복지의 주요 가치 중 하나인 '사회정의'에 의문을 제기하고, 재분배정책과 소수자우대정책의 폐지를 요구하고 있다. 또한 청년세대는 스스로가 사회적 약자임에도 이 담론에 근거해 기득권의 이익과 논리를 대변하고 다른 사회적 약자들과 대립하고 있다. 이는 사회통합과 장기적 관점에서 사회의 부담이 될 것이다. 더 늦기 전에 청년세대 대상으로 이들을 위한 사회복지 관련 종합 프로그램이 필요하다. 이는 이들을 정치적 대상으로 소환하지 않고, 사회구성원이자 미래를 위한 사회적 주체로 소환하기 위한 첫걸음이다.

1. 들어가는 말

한국사회의 불평등 정도를 나타내는 지표는 지속적으로 악화하고 있다(김태심, 2020: 129). 불평등은 소득, 자산, 교육, 주거 그리고 가족 형성 등과 밀접하게 관계를 맺고 있으며, 세대를 거쳐 세습된다. 또한 불평등은 개인적 차원에서 신체적·심리적 문제를 일으키고, 이는 다양한 사회문제로 이어진다. 그래서 불평등에서 비롯되는 다양한 문제와 세습 메커니즘을 해소하기 위해 현재의 사회제도, 특히 복지제도를 개선해야 한다는 요구가 많다. 대안적 소득보장체계를 구축하여 근로빈곤층과 프레카리아트 등을 양산하는 새로운 사회구조에 대응해야 한다는 것이다. 코로나19와 같은 대규모 재난의 경험도 새로운 소득보장체계의 필요성에 대한 공감을 확산시켰다.

그러나 다른 한편에서는 재분배에 의한 소득보장체계가 불공정하고 부정의하다는 비판이 공고하게 퍼져 있다. 이 비판들은 공정(fairness)과 능력주의(meritocracy)로 포장되어 유통되며 주로 청년 남성들에 의해 재생산되고 있다. 신자유주의 정책이 전면화되면서 보수언론을 통해 유포되기 시작한 공정과 능력주의 담론은 이제는 특정 계층이 아닌 한국사회의 주요 가치로 자리매김된 듯하다.[2] 이로 인해 '정의'에 대한 사람들의 인식이 변화하고 있다. '차별과 불평등을 개선하는

---

2 일부에서는 능력주의를 조선시대의 과거 제도와 연관 지어 한국인의 문화적 습속으로 설명하기도 한다(장은주, 2017). 하지만 현재 공정과 능력주의는 사회적 불평등을 인정하고 그러한 불평등을 해소하기 위한 재분배 정책을 불공정한 것으로 규정한다는 점에서 과거의 그것과는 다르다.

것'에서 '규정과 절차에 따라 경쟁하고 그 결과를 수정하지 않는 것'으로 정의가 변화하고 있다. 정의는 공정과 경쟁, 그리고 능력과 함께 이해된다. 불평등과 같은 사회적 격차는 규정과 절차에 따른 경쟁(이하 공정한 경쟁)의 결과로서 정당한 것으로 이해된다. 그리고 그 결과를 수정하려는 정책적 노력들은 불공정하고 그래서 정의롭지 못한 것으로 폐기되거나 지양되어야 하는 것이 되었다.

하지만 코로나19 팬데믹 이후 한국사회의 불평등은 더욱 심해지고 있다. '고용없는 성장'은 지속되고 있으며, 새로운 고용시장으로 생각되었던 플랫폼 기업들은 또 다른 재벌로 성장하고 있다는 비판을 받고 있다. 사회적 위험으로 인식하고 대처해야 하는 '상황'들이 변화하고 있다. 재분배에 의한 소득보장체계의 필요성은 어느 때보다 높아졌다. 그리고 그 효과를 재난지원금이란 형태로 확인하기도 하였다. 본 연구는 이러한 사회변화 속에서 공정과 능력주의 담론을 다시 검토하였다. 사회정의를 추구하는 사회복지 가치의 관점에서 검토하고 그 의미를 분석하였다.

2. 간략한 이론적 검토

1) 한국사회의 불평등

불평등은 사회의 한 영역에 국한되지 않는다. 불평등은 소득과 자산, 교육, 주거, 가족 형성 등과 밀접하게 관계를 맺고 있다([그림 7] 참고). 소득 불평등은 교육 불평등, 교육 불평등은 다시 고용 불평등으로 이어지고, 고용 불평등은 소득 불평등으로 이어진다. 소득 불평등과

자산 불평등은 서로에게 영향을 주며, 주거 불평등과 가족 형성 기회의
불평등으로 이어진다. 그리고 이러한 불평등은 경제력과 밀접하게
연결된 교육체계를 매개로 세대를 거쳐 세습된다(김승연·박민진, 2021).

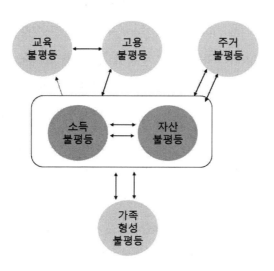

자료 : 김승연 · 박민진(2021)

〈그림 7〉 불평등의 다차원적 관계

　불평등은 다양한 사회문제를 야기한다.[3] 사회적 이동성을 제약하고
사회연대와 통합을 저해하고 사회적 갈등을 유발한다. 또한 정신건강
을 위협한다. 우울감과 불안감을 호소하는 사람들이 늘었고, 코로나19
이후 정신건강을 걱정할 정도의 비율은 더욱 늘었다. 또한 불평등과
양극화는 신체 건강에도 직접적인 영향을 준다. 정치적 측면에서는

---

3 불평등과 사회문제의 관계를 다룬 다양한 연구경향과 그 목록들은 김용환(2021)의
　연구에서 대략 확인할 수 있다.

부유층에 집중된 특혜는 법치주의를 훼손하고, 이는 사법기관에 대한 불신으로 이어진다. 또한 정치적 환멸감을 높이고 특정 집단의 정치적 참여를 떨어뜨려 민주주의를 훼손하기도 한다. 불평등과 양극화가 이처럼 다양한 사회문제를 일으킴에도 개선의 가능성이 그리 크지 않다.

오히려 산업구조가 변화하면서 소위 특수고용노동자들이 증가하면서, 소득 활동을 하고 있음에도 저소득 위험에 노출된 근로빈곤층이 늘고 있다. 이는 불완전 고용의 확대와도 깊이 연관되어 있다. 청년실업자와 조기퇴직한 중장년층, 영세자영업자들까지 소득 활동의 기회를 상실했거나 위험성이 높은 사람들의 규모도 증가하고 있다. 청년세대의 '헬조선'과 '수저계급론', '이생망'은 사회 내 불평등이 '계급'으로 인식될 만큼 심화되어 개선의 여지가 보이지 않는다는 그들의 평가와 인식을 담고 있다. 더불어 사회갈등과 분열, 차별도 그만큼 심각하다는 점을 드러내고 있다

2) 사회복지 가치로서 사회정의

실천을 중시하는 사회복지에서 '가치'는 이론과 정책방향, 실천방법에 영향을 미치는 핵심이다. 특정한 사회의 사회적·정치적·경제적 특징은 해당 사회의 사회복지를 이해하는 중요한 배경이다. 한 사회의 시대적 특징과 이데올로기는 사회문제를 인식하고 문제 해결을 위한 대안을 선택하는 과정에 영향을 미치는 '가치'와 밀접하게 반영되기 때문이다. 따라서 특정한 사회의 사회복지 실천을 이해하기 위해서는 그 사회의 역사적 흐름과 현재 상황, 그 시기의 주된 가치가 어떻게

수용되고 영향을 끼치고 있는지를 파악해야 한다.

하지만 한국사회에서 사회복지는 급격하게 성장하고 있음에도 불구하고, 사회복지 가치에 관한 연구는 부족하다. 사회복지의 존재론적 가치에 대한 담론이 활성화되지 못한 이유로는 사회복지가 정부의 제도 중심으로 발전되어 학계가 수동적이었다는 비판, 한국사회에 자유로운 담론 문화가 형성되지 못했다는 비판, 사회복지에 대한 전문성 확립 및 사회적 인정에 집중하여 가치에 상대적으로 무관심했다는 비판 등이 있다. 한국사회를 대상으로 사회변화와 사회복지 가치를 함께 살펴본 연구, 역사의 흐름 속에서 변화하는 가치를 사회복지의 관점에서 분석하고 정리하는 작업은 그리 많지 않았다.

다른 한편으로는 사회복지의 가치에 대한 일정한 합의가 형성되어 있는 것도 가치 관련 연구가 뜸한 이유이기도 하다. 2차 세계대전 이후 '복지국가'는 여러 나라들이 추구하는 모델로 인식되었고, 복지정책은 다양한 분야에 도입되었고 확대되었다. 그러면서 제한된 자원을 합리적인 정책을 통해 분배해야 하는 문제가 주요한 이슈로 등장하였다. 특히 자본주의 체제하의 소득분배 결과에서 초래되는 사회적 격차를 해소하는 과정에서 재분배정책이 시행되었다. 이때 사회적 합의를 위해 사회정의(social justice)가 사회복지의 주요한 가치로 모색되었다.

실제 대다수 사회복지학자는 사회정의를 사회복지의 주요 가치로 사용해 왔으며, 특히 롤스의 분배정의를 기반으로 사회복지를 사회정의를 실천하는 것으로 이해하였다(남현주, 2007). 롤스는 사회계약론의 전통에 근거하여 자유로운 개인이 중심되는 질서 유지를 위해 '차등의 원칙'을 도입하여 사회정의 문제를 해결한다. 사회의 불평등은 가장 적은 혜택을 받은 사회구성원에게도 이익이 될 때만 허용될 수 있다. 사회계약의 유지, 즉 사회를 유지하기 위해서는 사회의 불평등을 해소해야 한다는 결론에 이른다(Sandel, 2009).

3) 담론과 대중매체

이 연구에서는 공정과 능력주의 담론을 이해하고 해석하기 위해 '언론'에 주목한다. 담론談論의 사전적 정의는 어떤 주제에 대해 체계적으로 논의하는 것이다(다음 어학사전). 언론은 '담론' 그 자체이기도 하며, 때로는 주된 참여자이기도 하다. 즉 언론은 다양한 사회적 의제에 대해 이해 표명과 경쟁을 매개하는 '공적 담론의 장(field of public discourse)'이며, 동시에 특정한 의제를 부각하고 그 정당성을 확보하기 위해 '시민'을 동원하는 등의 수단을 활용하기도 한다. 사회의 주요 갈등에 있어서 언론의 역할을 비판하는 많은 연구들은 후자에 주목한다. 정치영역뿐 아니라 다양한 사회갈등에 대한 보도에서 언론이 특정 집단에 정당성을 부여하고 일부 집단의 입장을 배제하는 등의 편향성을 보인다는 비판적 연구들이 그것이다.

이화연·윤순진(2013)은 밀양 고압 송전선소 건설 갈등에 대한 일간지 보도를 분석하였다. 분석결과에 의하면 ①중앙일간지는 이 문제를 한 지역의 사안으로 축소 보도하였고, ②같은 사안에 대해 언론사의 지역별·정치성향별 차이가 발견되었다. 지역일간지는 단순 정보전달 위주로 갈등-대립을, 보수 성향의 중앙 일간지는 주민들의 위법성과 폭력과 대립을, 진보 성향의 중앙일간지는 불평등한 전력 체제에 주목하고 환경의 관점에서 이 사안을 보도하였다.

　김원용·이동훈(2005)도 핵폐기장 중심 원자력 관련 보도에 나타난 매체별 갈등보도의 프레임을 분석하였는데, 지역별·정치성향별로 차이가 나타났다. 저자들은 이를 책임규명 프레임-갈등대치 프레임-민주합의 프레임, 상황귀속 프레임-생존가치 프레임 등으로 분류하고 설명하고 있다. 강내원(2002)은 새만금 간척사업에 대한 언론의 기사를 분석하면서, 언론 보도를 다양한 프레임으로 설명하고 있으며 이들의 보도가 다양한 계층의 의견을 충분히 전달하지 못했다고 비판하고 있다.

　프레임은 언론이 '현실에 대한 인식, 해석, 선택, 강조, 배제를 통해 이뤄지는 지속적인 재해석의 패턴'이다. 프레임 형성은 조직 관행 외에도 미디어 외부의 사회, 문화, 정치, 경제 등의 제반 환경 요인을 비롯한 사회규범과 가치 등에 영향을 받는다(김원용·이동훈, 2005). 이러한 언론의 프레이밍은 '인지된 현실의 몇 가지 측면만을 선정하고, 의미전달의 텍스트 상에서 그러한 측면들을 중요한 것'으로 만든다. 따라서 미디어에 의해 강조되는 프레임들은 특정한 문제에 대해 정의를 내리고 문제의 원인을 규명하고 해결책을 제시한다(Entman, 1993; 강내원, 2002).

　나아가 언론의 프레임은 반복되는 뉴스보도를 통해 현실 속에 실재하게 된다. 루만(Luhmann)은 현대사회에서 언론은 정보와 비정보를 코드로 활용하는 하나의 하위체계로 분화되었다고 분석한다. 이러한 관점에서 언론은 진실이 아니라 정보성에 초점을 맞추기 때문에 끊임없이 조작의 의심을 받는다. 뉴스가 되는 사건의 선택은 참신함, 갈등,

수량, 지역 참조, 규칙 위반, 도덕적 평가, 개별 사례, 의견 표현 및 미디어의 조직적 루틴과의 호환성을 우선시하는 특정 선택자에 의해 주도된다(Baraldi et. 2021). 루만은 구성주의적 관점에서 체계의 작동에 의해 현실은 실재(reality)로 구성된다고 주장한다. 현실은 주어진 실제(實際)로 존재하지 않는다. 즉 기능체계로서 언론도 프레임에 의해 관찰한 것을 선택하고 그것을 편집하여 정보로 제공하는 뉴스를 반복함으로써 실체가 아닌 실재를 끊임없이 구성한다.

3. 공정과 능력주의 담론 분석

공정과 능력주의 담론 분석을 위해 언론검색 사이트 카인즈(Kinds.or.kr)에서 2016년 10월 1일부터 2021년 8월 31일까지 11개 중앙일간지의 정치 및 사회 영역에서 '공정'과 '정의'를 키워드로 기사를 검색하였다. '공정'을 정치 및 사회 영역에서 검색하면 기사량은 무려 60,389건에 이른다. 언론사의 관심이 반영되는 사설은 2,133건 검색되었다. 같은 기간 정의를 키워드로 검색하면 45,636건의 기사가 검색되며 사설은 1,388건이다. 공정 관련 기사가 약 15,000건 정도 많다. 검색된 기사는 각 키워드와 연관된 하위 키워드로 재검색을 하고 연관어 분석 등을 실시하여 기사의 흐름을 검토하였다. 또한 사설과 칼럼을 중심으로 내용도 분석하였다.

1) 공정 관련 뉴스 분석

한국사회에서 '공정'이 사회적 이슈로 전면화된 계기는 2016년 '박근혜

-최순실 게이트'의 한 줄기였던 최순실의 딸 최유라 '입학 비리'였다. 이후 특권층의 채용 비리, 대기업 노조의 고용세습, 비정규직의 정규직화, 그리고 조국 자녀들의 표창장과 인턴, 추미애 법무부 장관 아들의 휴가 복귀까지 공정 이슈는 최근까지도 한국사회의 모든 이슈를 빨아들이고 있다.

카인즈에서는 검색결과를 다양하게 분석하여 보여주는데, 그중 검색결과 중 분석뉴스와 연관성을 높은 키워드를 보여주는 서비스, 연관어 분석이 있다. 이 분석을 통해 공정과 정의가 주로 정치 문제와 관련되어 소환되었다는 점을 확인할 수 있다.

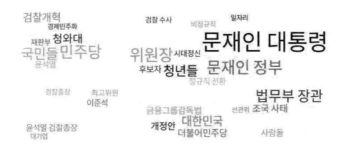

〈그림 8〉 공정 관련 뉴스 연관어 분석

공정과 연관된 단어들은 주로 정치·정치인과 연결되어 있다. 문재인, 윤석열, 민주당, 이준석 등이 대표적인 예이다. '청년들'이란 연관어도 비교적 자주 반복되었지만, 다른 연관어 등과 함께 관련하면 그 정도는 낮다. 청년들의 관심인 일자리, 경제민주화 등은 '정치'적 단어와 비교하면 그 정도가 매우 낮다는 점을 알 수 있다. 즉 '청년들'도 대상으로서 호명되었을 가능성이 크다.

'정의' 관련 뉴스의 연관어 분석결과도 이와 유사하다. 정치 관련 연관어들이 다양하게 많이 언급되고 있으며, 청년과 일자리 관련 언급은 적다. 특이하게 정의는 구체적인 정치적 이슈인 윤미향(정대협), 사법부, 공수처 등의 연관어가 언급되었다.

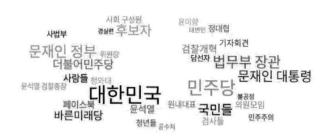

〈그림 9〉 정의 관련 뉴스 연관어 분석

이는 결과재검색 기능을 활용하여 공정/청년, 정의/청년의 뉴스를 재검색하고 이 결과에 대해 연관어 검색을 하면 '공정'은 청년들의 분노를 일으키는 이슈로서 기능을 하고, 정의는 그 결과로서 현재의 정부·여당을 정의롭지 않다고 규정하는 결과로 이어졌다는 점을 확인할 수 있다.

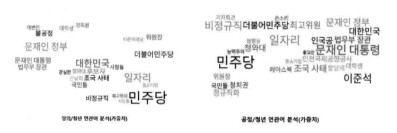

〈그림 10〉 정의/청년 뉴스와 공정/청년 뉴스 연관어 분석 결과 비교

뉴스의 주요한 대상으로 청년이 소환되고 있지만, 뉴스의 내용은 주로 정치적 행위자들을 판단하고 규정하고 있다. 즉 공정을 거론하는 것은 정부·여당에게 "쓴소리"라는 것이며, 이는 그들이 그동안의 주장과 달리 공정하지 않았다는 반증이다. 그 결과 문재인 정부와 더불어민주당은 정의롭지 않는 행위자들이 된다.

2) 공정 관련 뉴스 내용 분석

언론에서 이처럼 '정치' 문제로 공정 이슈를 언급하는 것은 오늘날 한국사회에서 청년들의 불안정한 상황과 같이 연관되어 있다. 언론에서는 청년들의 분노를 자극할 수 있는 주제로 공정 이슈를 활용하고 있다. 이러한 이유에서 언론에서 기사화되는 공정은 주로 입학과 일자리, 병역과 연결되어 있다. 이전 세대와 비교하여 소득활동 기회를 잡기 힘든 한국의 청년들에게, 특히 일자리는 청년세대의 실업과 관련되어 매우 휘발성이 높은 주제이다.

일자리와 연관된 공정은 규정과 절차에 따른 채용, 즉 '공정한 경쟁'을 뜻한다. 결과재검색 기능을 통해 공정 및 정의와 함께 언급된 경쟁을 비교하면 기사량이 공정에서는 12.46%, 정의에서는 6.75%를 차지하고 있다. 공정 담론에서 공정은 '경쟁의 공정'이고, 공정한 경쟁 그 자체가 곧 정의를 뜻한다. '정의' 기사에서 공정은 10,159건(22.26%)으로 가장 큰 비율을 차지하고 있다. 복지의 비율은 5.78%로 경쟁 6.75%보다 낮으며, 분배는 1.78%에 불과했다. 이는 공정한 경쟁의 결과로서 능력에 따른 보상은 정의라는 생각이 내포되어 있다.

〈표 4〉 공정과 정의 관련 뉴스 결과재검색 결과

	뉴스	사설		뉴스	사설
공정	60,389	2133	정의	45,636	1388
조국	7,688(12.73)	377(17.67)	분배	811(1.78)	34(2.45)
조민	336(0.56)	11(0.52)	복지	2638(5.78)	53(3.82)
인국공*	694(1.15)	14(0.66)	경쟁	3082(6.75)	69(4.97)
비정규직	2,254(3.73)	82(3.84)	청년	2990(6.55)	77(5.55)
이준석	1,619(2.68)	30(1.41)	공정	10159(22.26)	411(29.61)
능력주의	316(0.52)	3(0.14)			
능력	5,442(9.01)	153(7.17)			
복지	3,454(5.72)	63(2.95)			
채용	3,470(5.75)	115(5.39)			
경쟁	7,523(12.46)	254(11.91)	*인천국제공항 포함		
청년	4,448(7.37)	122(5.72)			
분배	1,247(2.06)	56(2.63)			
불평등	2,730(4.52)	69(3.23)			
정의	10,159(16.82)	411(19.27)			

　　언론 사설에서는 이를 더욱 분명하게 파악할 수 있다. 2017년 초부터 언론에서는 '공정한 경쟁'을 시대의 화두(혹은 시대정신)로 부상했다고 언급하고 있다. 일자리 부족을 문제로 지적하며 구직에 실패한 청년의 아픔을 '금수저론'과 연결 짓고 있다. 공정한 경쟁을 위해 채용에서의 차별을 없애야 하고, 이를 위해서는 실력 위주의 평가제도가 필요하다는 주장한다. 실력 위주의 평가는 공정이며, 이는 '한국사회의 최후의

안전판'이라는 언급도 있다. 그래서 '청년 일자리를 만드는 것도 중요하지만 기껏 만들어진 일자리에 누가, 어떤 과정을 거쳐 앉냐도 중요하다'라는 언급은 공정을 바라보는 새로운 인식이 집약되어 있다.

공정과 정의에 대한 언론보도는 주로 청년들의 일자리에 주목하고 있지만, (1) 청년 일자리가 부족한 현실을 분석한 내용은 거의 다루지 않는다. 대신에 (2) 채용 과정에서 발생하는 비리사건과 (3) 우리사회가 나아갈 방향에 대한 공적 판단 속에서 이루어진 특정 집단에 대한 우대조치를 동일한 '불공정 사례'로 규정하고 비판한다. 남북평화체제 만들기라는 공적 대의를 위한 남북 단일팀 구성을 실력이 부족한 북한 선수들 때문에 남한 선수들이 피해를 입었다고 보도하거나, 인천국제공항 비정규직의 정규직 전환으로 인천국제공항 정규직을 준비하는 많은 청년들의 일자리가 줄어들었다는 보도 내용이 대표적이다.

3) 공정과 능력주의 담론 비판

공정과 능력주의 담론은 불평등을 능력과 업적에 기초한 '불가피하지만 정당한 현실'로 이해하고, 그 결과를 수정하는 것을 반대한다. 이 담론은 2000년대 이후 반복되는 경제위기 속에서 본격화되었고, '인국공 사태'와 '부모찬스 이슈' 등을 거치면서 우월적 담론의 지위를 획득하고 있다. 담론의 주요 지지층은 20~30대 남성들이며, 2016년 겨울부터 최근까지 주요 이슈로 반복되고 있다.

이 담론은 개인과 환경/구조를 분리한다. 일례로 비정규직의 정규직화 이슈에서는 좋은 일자리 만들기라는 측면에서 정규직화 자체에는 반대하지 않는다고 한다. 하지만 정규직화는 사람이 아닌 '직'을 대상으로 해야 한다는 논리로, 새로운 경쟁을 통해 정규직을 채용해야 한다고 주장한다. 현재의 불평등 개선을 애써 외면하며, '시험'을 통한 경쟁만이 정의롭다는 주장이다.

이러한 주장의 밑바탕에는 현재 비정규직에 있는 사람과 정규직에 있는 사람에 대한 차별이 자리하고 있다. 2017년 서울교통공사의 무기계약직 정규직 전환과 2020년 인천국제공항공사 비정규직의 정규직화에서 발견된다. "정규직을 위해 열심히 노력하는 구직자는 외면하고 어중이떠중이 뒷문으로 채용된 비정규직들은 정규직 되고"(id: 베리굿띵, 2018년 1월 1일, 박권일. 2021에서 재인용)의 글에 달린 댓글 대다수는 동의를 표하고 있다. 좋은 대학에 가서 어려운 공채시험을 통과한 정규직과 그렇지 못한 비정규직의 차별을 당연시하고 있다. 전환의 대상이 되는 '직', 즉 관련 업무 경험이 오래되고, 숙련되었다는 것은 이유가 되지 못한다.

두 번째로 결과의 불평등과 기회의 불평등을 구분하지 않는다. 기회의 불평등에 내재한 '부당함'에는 주목하지 않는다. '경쟁의 장'에도 들어서지 못하는 수많은 청년을 배제하고 있다. 언론이 주목하는 청년들의 분노는 서울권 대학에 다니는 청년 남성들이라는 비판이 그것이다.

이들 다수는 신자유주의 구조조정에 불을 지핀 1990년대 후반 경제위기에 유년기를 보냈고, 예측불허의 삶을 온몸으로 경험한 부모로부터 때로 과도한 양육과 투자를 받으려 첫 관문인 상위권

대학에 진입했다. 금융자본주의와 기술혁명이 일자리를 계속 줄이고 있다는 점을 간파했지만, 경쟁에서 이겨야 한다는 가족의 압박, 노동력 대신 '인적자본'으로 거듭나라는 사회의 요구에 동시에 부응하며 정지 버튼 없는 러닝머신에서 줄곧 달려왔다. "자기 착취에 가까운 자기계발"로 삶을 마모시키거나 우울이라는 집단감염을 겪고, "첫 일자리로 사실상 '신분'이 결정되는" 노동시장에서 기회의 공정에 강박적으로 몰두하며 불평등에 예민한 감각에 버려냈다(조문명, 2020).

'단군 이래 최고의 스펙'을 가진 서울과 수도권 대학 출신 청년들의 삶도 우울하고 암울하지만, 그들은 정치권과 언론의 주목을 받는다. 하지만 이들을 제외한 대다수 청년들, 즉 지방에서 대학을 다니고 있는 청년, 아예 대학에 진학하지 않은 청년, 블루칼라 직종에 근무하는 청년, 지방에서 살고 있는 청년, 남성이 아니라 여성 혹은 성소수자로 살아가는 청년, 한국 출신이 아닌 외국에서 온 청년 등 이들 청년들의 이야기에 주목하는 언론은 거의 없다. 그래서 이들은 스스로를 '사라진 청년들'이라고 부른다. 사라진 청년들은 언론에서 언급하는 청년들의 분노를 이해하지 못한다. 이들은 고등학교 시절 공부를 잘했던 아이들, 공부를 잘했다는 이유로 선생님의 신임을 받던 아이들이 대학에 가더니 취업이 힘들다고 사회적 약자가 되어 언론에 비쳐지고 있다고 비판한다(김창인·전병찬·안태언, 2019).

현재의 공정 담론은 불평등은 개인의 문제일 뿐이며, 이때의 개인은 목표 달성을 위해 자신의 효율성만을 추구하는 기능적 존재로 인식된다. 사회복지에서 전제하는 상호 호혜적이고 협력하는 사회적 인간은 해체된다. 즉 공정과 능력주의 담론은 우리 사회의 사회복지 제도에 전제된 합의와 원칙에 의문을 제기할 가능성이 크다.

최근 폭발적으로 증가하고 있는 혐오의 언어들이 이를 반증한다. 다양한 집단들이 다른 집단을 박멸해야 하는 적으로 규정하고 혐오와 분노, 저주의 언어를 쏟아내고 있다. 이 중에서도 김주환(2020)은 청년세대가 이러한 전쟁의 한복판에 있다고 묘사하고, 이들을 인터뷰하고 그들의 정서적 맥락을 분석하였다.

그가 만난 청년들은 자신들이 '외적인 힘에 의해 떠밀리고 패배할 운명에 의해 부당하게 희생당하고 있다'고 생각하고 있다. 이때 청년들이 경험하는 외적인 힘은 아무리 열심히 노력해도 부모로부터 물려받은 사회경제적 지위를 탈피할 수 없는 '유사신분제' 사회이다. 더욱 이들을 옴짝달싹 못 하게 하는 것은 이러한 '유사신분제'임에도 현실은 살아남기 위해서는 경쟁해야 하는 사회라는 점이다. 상위 계층으로 이동하기 위해서, 혹은 지금 계층에서 살아남기 위해서는 경쟁에서 이겨야 한다는 '신자유주의적 질서' 속에서 유년시절을 보냈고, 지금도 청년기를 보내고 있는 그들은 다른 삶의 방식을 경험해본 적이 없다.

우리 사회가 기존에 논의했던 수많은 판단은 '공정한 경쟁'이라는 틀에서는 정의롭지 못한 것으로 치부된다. 그리고 이러한 논리적 흐름은 오늘날 청년들에게서 무비판적으로 수용되고 확대된다. 이 때문에 현재의 사회구조에 대한 비판적 논의와 사회구조 개선을 위한 기존의 정책들도 정의롭지 못한 정책으로 청년들에게 인식되고 비판받는다. 그리고 청년들의 분노를 자극하는 언론보도들은 청년들을 더욱 고통스럽게 만드는 현재의 사회구조를 강화하고 사회복지 정책을 후퇴하게 하는 역설을 낳을 수도 있다.

4. 공정과 능력주의 담론의 영향

1) 여론조사를 통한 인식 변화 확인

공정과 능력주의 담론의 후속 결과로서 정의에 대한 인식이 변화하고, 또 그로 인해 재분배정책에 대한 인식의 변화를 몇몇 여론조사를 통해 엿볼 수 있다. 이를 종합하면, 첫째, 한국사회는 불공정한 사회이지만, 분배는 업적과 능력을 기준으로 이루어져야 한다. 둘째, 소수자 우대정책은 불공정하다. 앞에서 살펴보았던, 사회복지의 가치로 합의되었던 사회정의는 더 이상 유효하지 않다는 사실을 확인할 수 있다.

첫 번째 조사결과는 2019년 경기연구원이 실시한 설문조사(김도균 외, 2020)이다. 이 조사에 의하면 경기도민의 약 76% 이상이 한국사회는 공정하지 않다고 생각한다. 이때 불공정은 입학·고용에서의 특혜, 안전사고, 복지 부정수급, 정치·정당 부패 등이다. 분배방식을 ①능력에 따른 분배(노력이나 투자를 더 많이 한 사람은 더 많은 보상을 받을 자격이 있다), ②선별적 분배(가장 많은 사람과 가장 적게 받는 사람의 차이가 너무 커서는 안 된다), ③평등한 분배(어려운 처지에 있는 사람들에게는 더 많은 보상을 해줄 필요가 있다)로 제시하고 각각에 대한 절대적 선호도와 세 가지 분배 공정성 원칙에 대한 상대적 선호도(합이 100%)를 함께 조사하였다(조사결과는 아래 [그림11]을 참고할 것).

조사결과에 의하면. 분배에서는 평등한 분배나 선별적 분배보다는 능력에 따른 분배가 공정하다고 생각하였다. 분배 공정성을 위한 원칙으로 '평등한 분배'는 53.2%, '선별적 분배'는 42.9%, 능력에 따른 분배'는 80.8%가 선호하였다. 상대적 선호도도 '능력에 따른 분배' 방식에 대한 선호가 뚜렷하였다. 평등한 분배 방식은 26.9%, 선별적 분배 방식은 22.2%가 선호하는 반면에 능력에 따른 분배 방식은 절반인 51.0%가 선호한다고 응답하였다.

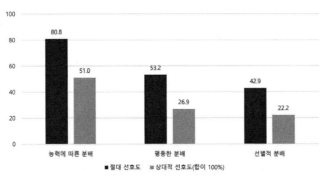

자료 : 김도균 외(2020)

〈그림 11〉 분배 방식에 대한 선호도

소수자 우대정책에 대한 생각도 같은 조사에서 엿볼 수 있다. 그동안 제안되거나 실행된 일부 성평등 정책에 공정하지 않다는 비율이 남녀 모두 높게 나타났다. 고위 공무원 임직원 여성할당제 기업 및 공공기관 성평등 교육 강화에 대해서 전혀 혹은 별로 공정하지 않다는 응답이 각각 72.8%, 61.2%로 조사되었다.

두 번째로 검토할 자료는 2018년에 한국리서치가 실시한 「한국사회 공정성 인식 조사 보고서」이다. 이 보고서에서도 한국인들은 경쟁의 기회 자체가 불공정하다고 인식하고 있었다. 법 집행이 불공정하다는 응답이 74%, 소득분배나 취업기회의 불공정을 지적하는 응답도 71%였다. 한국사회에서 계층상승의 기회는 닫혀 있다는 의견은 73%였으며, 응답자의 1/3은 자신은 본인 세대의 평균적인 삶에 비해 실패했다는 열패감을 보였다.

이처럼 조사에 참여한 사람들 대부분은 한국사회는 불공정하다고 인식하고 있으며, 그리고 한국사회에서의 성공은 배경과 연줄에 의한 불공정한 승리라고 규정하고 있었다. 하지만 분배에서는 평등한 분배보다는 차등 분배, 즉 불평등한 분배를 선호하는 것으로 조사되었다. "능력이나 노력의 차이에 따른 보수의 차이가 클수록 좋다"에 가깝다는 의견이 66%로 "능력이나 노력의 차이에 따른 보수의 차이는 적을수록 좋다"는 의견 27%보다 많았다. 차등 분배론에 대한 선호는 연령별·소득별·학력별·이념별 편차가 없었다. 경쟁에 대해서도 "한국에서 경쟁의 부작용이 심각하다"는 여론이 62%나 되었다. 하지만 "우리사회에서 경쟁은 생산성 향상에 도움이 된다"라는 주장에 79%가 동의하였다. 취약계층 우대정책에 대해서는 대체로 우호적인 태도가 다수였으나, 경쟁의 당사자인 청년세대나 취약계층으로 분류되지 않은 집단(주로 서울 거주자)들은 상대적으로 거부감이 강했다.

표면적으로는 우대제에 대한 지지가 높지만, 본인의 문제로 인식할 때는 우대제 실시에 반대하는 경향이 강해진다는 사실이 확인된다(한국리서치, 2018.02).

세 번째는 얼마 전 KBS에서 실시한 세대인식 조사이다. 이 조사에서는 청년 남성들의 '공동체 배타성'이 두드러졌다. 한국사회에서는 대체로 출신성분과 무관하게 동일한 일을 하면 임금은 동등하거나 비슷해야 한다는 합의가 이루어져 있다. 때문에 임금격차가 존재하는 현실과 무관하게 이러한 현실에 대해서 한국인 대다수는 불공정한 일이라고 생각한다. 하지만 청년 남성들은 이러한 일반의 의견과는 다른 생각을 가지고 있었다. 남성과 여성, 명문대와 비명문대, 고졸자와 대졸자간 의 임금격차에 대해 40% 이상이 공정하다고 응답하였다. 이는 다른 집단(청년 여성, 50대 남성, 50대 여성)과 다른 답변이었다.

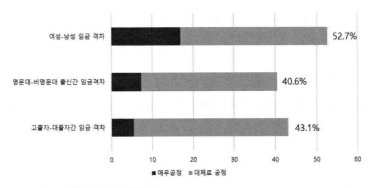

자료 : KBS 세대인식 집중조사, 한국리서치

〈그림 12〉 임금격차에 대한 청년 남성들의 인식

임금격차 외에도 환경, 노동, 북한, 차별, 여성 등 주요 사회 현안에 대한 인식에서 청년 남성들은 다른 집단과 다른 인식을 보이고 있다. 조사를 총괄한 임동균은 7~8년 전 자료를 살펴보면 청년 남성과 청년 여성의 차이가 이번 조사처럼 크지 않았다고 언급한다. 최근 몇 년 사이에 청년 남성들의 인식 변화가 있었고, 이러한 인식의 변화는 최근 생활방식이 온라인 중심으로 변화하면서 더욱 강화될 가능성이 높다.

2) 인식 변화의 해석

앞에서처럼 몇몇 설문조사의 결과를 통해 공정과 정의에 대한 인식이 변화되었다는 사실을 확인할 수 있다. 이러한 변화에 대해서 단순한 일자리를 넘어선 기회의 불균형, 고착화된 불평등, 노력해도 결실을 얻을 수 없다는 불안과 두려움, 도전에 실패하면 두 번의 기회는 없을 거라는 두려움과 실제의 사회현실 등이 그 원인으로 제시된다.

하지만 이러한 원인만으로 급격한 인식 변화를 설명하기는 어렵다. 경제적 불평등의 정도가 현재와 크게 다르지 않은 2014년의 조정인 연구는 이와 다른 결과를 보여주고 있다.[4] 조정인은 2009년 한국사회종합조사를 활용하여 경제적 불평등이 재분배정책 선호에 주는 영향을 분석하였는데, 경제적 불평등에 대한 불만족 수준이 높을수록 정부의 재분배정책에 대한 지지가 강한 것으로 조사되었다. 경제적 불평등에서 비롯된 부자와 가난한 사람들 사이의 갈등이 매우 심각하다고 인식하는 응답자들도 재분배정책에 대한 지지가 강한 것으로 나타났다. 조정인(2014)은 연구에서 응답자의 64%가 증세가 되더라도 건강, 교육, 연금, 실업 사회복지 프로그램이 증가해야 한다는 Kang(2014)의 연구결과를 인용하고 있으며, 당시 대다수의 연구들은 경제적 불평등의 심화에 따라 한국인들의 재분배정책에 대한 선호가 강해지고 있다고 언급하고 있다.

불과 몇 년 사이에 재분배정책에 대한 인식이 급격하게 변화한

---

4 한국사회는 2000년대 중반 이후 양극화 빈부격차 현상이 지속적으로 악화하고 있다. 불평등 정도를 나타내는 지니계수와 앳킨스 지수, 소득 5분위 배율 모두 이러한 경향을 반증하고 있다.

것이다. 위에서 확인한 조사결과를 통해 공정과 정의에 대한 인식 변화가 모든 세대에서 일어나고 있다고 추론할 수 있다. 저자는 이러한 인식 변화에 언론의 역할에 주목한다.

2016년 10월부터 언론에서 본격적으로 다루어진 공정 이슈는 공동체의 나아갈 방향에 대한 철학적 논의와 현실 사회질서와 구조에 대한 분석을 담고 있지 않다. 오히려 청년들의 분노를 자극하는 비리 사건과 정부의 정치적·정책적 결정을 동일선상에서 비판함으로써 기존의 사회적 합의를 흔들고 있다.

대다수의 언론보도는 공정의 문제를 일자리 채용 과정에서의 절차 문제로만 다룸으로써 공정을 사적 영역으로 제한하고, 비리사건과 정책 판단에 의한 분배를 부정의하다고 규정한다. 이로 인해 사회가 불공정하다는 시민들의 분노와 울분이 사회정책적 개혁의 동력으로 전환될 가능성이 차단된다. 그 결과로 개인이 느끼는 분노와 울분은 개인적·집단적 수준의 혐오 감정 분출로만 이어지고 있다. 그리고 혐오의 감정은 나 이외의 모든 대상을 경쟁자로 위치 지움으로써 우리사회가 어렵게 합의하였던 사회복지의 기초를 이루는 사회정의는 부정의한 것으로 전환되었다. 같은 이유에서 한국사회에서 공정 담론에 사회적 약자에 대한 배려는 찾기 어렵다. 사람을 능력으로 평가하고 이를 점수화하는 것을 공정으로 여기는 사회에서 인간 존엄성도 설 자리가 작아진다.

5. 맺음말

여러 측면에서 한국인을 비롯한 인류는 혼란의 시대를 보내고 있다. 2019년 겨울 시작된 코로나19는 여전히 맹위를 떨치고 있지만, 조만간 종식될 것이라는 희망도 커지고 있다. 제4차 산업혁명과 인공지능, 새로운 정보통신기술, 디지털 플랫폼 등은 사람들의 삶의 방식을 바꿀 것이란 기대도 있다. 하지만 현실사회는 여전히 암울하다. 사회적 불평등과 양극화는 개선의 여지가 없이 심화하고 있다.

다른 한편에서는 서로를 향한 혐오표현은 그 정도를 더해간다. '혐오'의 논리는 상대방을 자신과 동등한 사회의 구성원으로 바라보지 않고, 배제와 차별의 대상으로 규정하기 때문에 심각한 사회문제이며, 폭력과 살인 등으로 이어질 가능성이 매우 높다. 문제는 이러한 혐오에 불평등을 합리화하고자 하는 이데올로기적 요소가 내포되어 있다는 사실이다.

혐오의 표현들은 경쟁에서 승리한 사람들은 '타인으로부터 존중받아야 하는 사람'으로 경쟁에서 패배한 사람들은 노력이 부족했거나 능력이 부족했기에 불평등과 차별을 감수해야 하는 사람들을 구분짓는 과정의 산물이다. 이러한 측면에서 '혐오'는, '실패해서 대다수의 무시해도 좋을 사람'에게 적용되는, 타인을 대하는 사회적 규범으로 이해되기까지 한다(이지형, 2019; 최유숙, 2019; 이종임 외, 2021). 공정과 능력주의 담론에 의해 사회정의가 부정된 현실을 우리는 수많은 혐오표현 속에서 확인하고 있다.

언론은 결코 중립적인 관찰자가 아니다. 언론은 특정한 목적을 위해 프레임을 만들고, 프레임에 의해 관찰한 것을 선택하고 그것을 편집하여 정보로 제공하는 뉴스를 반복함으로써 실체가 아닌 실재를 끊임없이 구성한다. 최근의 '공정과 능력주의 담론'도 그 대표적인 사례이다. 사건에 대한 해석, 선택, 강조 그리고 배제를 통해 구성된 실재이다. 그리고 이제는 현실로서 사회복지의 주요 가치 중 하나인 '사회정의'에 의문을 제기하고, 재분배정책과 소수자우대정책의 폐지를 요구하고 있다. 사회복지에서 사회적 합의는 현재 추구하는 가치뿐만 아니라 앞으로 사회복지가 무엇을 어떻게 해야 하는지에 대한 답이기도 하다(유태한, 2019).

이러한 측면에 사회적 합의를 위한 담론에 학계의 참여도 필요하다. 언론에 의해 주도되는 정치 담론이 아니라, 사회복지학계를 비롯한 다양한 분과학문의 학자들이 참여하는 정책(또는 학술적 담론)으로 전환되어야 한다. 즉 공정과 능력주의 담론의 대항 담론을 적극적으로 모색해야 한다.

청년세대는 스스로가 사회적 약자임에도 공정과 능력주의 담론에서는 기득권의 이익과 논리를 대변하며 다른 사회적 약자들과 대립하고 있다. 이는 사회통합과 장기적 관점에서 사회의 부담이 될 것이다. 더 늦기 전에 청년세대를 대상으로 이들을 위한 사회복지 관련 종합 프로그램이 필요하다. 이때의 프로그램은 사회복지에 대한 강한 거부감을 해소할 수 있는 가치 관점의 프로그램과 실천 관점의 프로그램으로 구성할 수 있을 것이다.

사회정의와 공정의 가치를 다루는 일종의 '공론화위원회'를 구성하여 청년세대를 참여시키는 방식이다. 여러 계층의 사람들과 직접 만나 대화함으로써 청년세대들은 언론에 의해 만들어진 사회와는 다른 사회를 경험할 수 있을 것이다. 또한 일부 자치단체에서 실시하고 있는 청년수당(또는 청년배당)처럼 이들을 대상으로 하는 복지프로그램을 전국으로 확대함으로써 사회복지의 의미를 직접 경험하게 하는 방법도 있다. 이는 이들을 정치적 대상으로 소환하지 않고, 사회구성원이자 미래를 위한 사회적 주체로 소환하기 위한 첫걸음이다.

참고문헌

『중용中庸』
『논어論語』
『잡아함경雜阿含經』

강남훈, "기본소득 도입 모델과 경제적 효과." 『진보평론』 45, 2010.
_____, "왜 기본소득인가?" 『기독교사상』 (690), 2016.
강명주·김수영, "배달앱 기사는 왜 배달 노동에 머무르는가?" 『한국사회복지학』 73(1), 2021.
강신보, "초기 불교의 팔정도와 중용의 덕과의 비교 - 윤리적 측면을 중심으로-." 『인도연구』 6(1), 2001.
강희숙, "코로나-19 신어와 코로나 뉴노멀." 『인문학연구』 61, 2021.
금민, "기본소득의 정치철학적 정당성: 실질적 자유, 민주주의, 공화국의 이념에서 바라 본 기본소득." 『진보평론』(45), 2010.
____, "공유자산 배당으로서 기본소득." 『FUTURE HORIZON』 (34), 2017.
김기범·김미희·최상진, "한국인의 대인관계에서의 기본도덕으로서의 의리분석: 한국인에게 진정한 친구는 의리 있는 친구인가." 『한국심리학회지:사회문제』 8(1), 2002.
김도균, "경기도민의 생각하는 '공정公正'." 『이슈&진단』 (399), 2020.
김도한·김진옥·신성영, "시스템 생물학." 『학문연구의 동향과 쟁점』 5, 2016.
김미경, "친밀성의 구조변동과 가족구조의 변화: 바우만의 문제의식과 루만의 인식론을 통한 접근." 『젠더와 문화』 10(2), 2017.
김민정·이화령·황순수, 『공유경제에 대한 경제학적 분석: 기대효과와 우려 요인 및 정책적 함의』, 한국개발연구원, 2016.
김분선, "담론의 형성 방식에 내재된 차이와 차별의 문제." 『문화와 융합』 41(4),

2019.

김비환·유홍림·김범수·홍원표·곽준혁·김병곤·오영달·최형익·박의경·김은실·김봉진·김석근·오문환·홍태영·김남국·김병욱, 『인권의 정치사상: 현대 인권 담론의 쟁점과 전망』, 이학사, 2010.

김선필, "포스트 코로나 시대, 한국 천주교회의 현실과 새로운 희망: 종교 사회학적 관점." 『신학전망』(212), 2021.

김승연·박민진, "장벽사회, 청년 불평등의 특성과 과제." 『정책리포트』(326), 2021.

김양현·노영란·변순용·임채광, "책임개념에 대한 실천윤리적 해명." 『범한철학』 39, 2005.

김영선, "디지털 모바일 기술, 만인을 자영화하다." 노동시간센터 기획, 『우리는 왜 이런 시간을 견디고 있는가』, 코난북스, 2015.

_____, "플랫폼 노동, 새로운 위험사회를 알리는 징후." 『문화과학』(92), 2017.

_____, "포스트코로나, 언택트 그리고 노동." 『2020 사회복지 공동학술대회 자료집』, 2020.

김영아·이승호, 『배달앱 확산이 고용에 미치는 영향』, 고용노동부, 2019.

김영환, "불안정 노동자를 포용하는 연대형 공동체로의 전환." 『문화와 정치』 8(2), 2021.

김예지·김애선·주강진·윤예지·신영섭·조명철·이민화·조산구, "공유 플랫폼 경제로 가는 길." 『포럼보고서』(43), 2018.

김용환, "한국 사회의 불평등 관련 연구 동향 분석안." 『한국문헌정보학회지』 55(2), 2021.

김원제, "한국사회 위험(Risk)의 특성과 치유." 『사회연구』(5), 2003.

김윤태, "불평등과 이데올로기: 능력, 경쟁, 확산의 담론에 대한 비판." 『한국학연구』 67, 2018.

김주환, "숙명적 비극의 시대, 청년들의 절대적 고통 감정과 희생자-신 되기의 탈정치." 『사회와이론』 36, 2020.

김준헌·김도희, "코로나19로 인한 경제적 위기 양상과 주요국 경기부양책." 『의회 외교 동향과 분석』 57, 2020.

김진경, "원시불교의 중도 사상." 고려대 석사학위논문, 1992.

_____, "의학적 의사결정과정에서 실천적 덕의 토대로써 중용中庸." 『철학논총』 63(1), 2011.

김창근, "좌파 자유지상주의의 공산주의와 기본소득 이론에 대한 비판적 평가: 친·자본-반·노동적 성격 비판." 『마르크스주의 연구』 17(3), 2020.

김창인·전병찬·안태언, 『청년현재사』, 시대의 창, 2019.

김태심, "공정한 불평등? 체계 정당화와 재분배 선호." 『평화연구』 28(1), 2020.

김현우, "코로나, 기후, 핵에너지 위기를 통해 본 위험사회의 의미 변화." 『황해문화』 (110), 2021.

나대용, "중사상의 구조적 이해-「중용」과 「논어」를 중심으로-." 성균관대 석사학위논문, 1988.

남기업, "롤스의 정의론을 통한 지대기본소득 정당화 연구." 『공간과 사회』 24(1), 2014.

남기철·백명희·윤홍식·이정현·최혜지·김경희·이조은·양종원, "코로나19 이후 새 위험사회에 대한 경험과 전망." 『월간 복지동향』 (267), 2021.

남홍길, "시스템 생물학, 생명현상의 숲과 나무를 보다." 『지식의 지평』 (9), 2010.

노진철, "코로나19 범유행 재난과 사회적 체계들의 교란: 자기 생산적 체계이론의 관점에서." 『사회와 이론』 37, 2020.

니클라스 루만, 이철·박여성 역, 『사회적 체계들: 일반이론의 개요』, 한길사, 2020.

대림스님 역, 『맛지마 니가야』, 초기불전연구원, 2012.

대한불교조계종 백년대계본부 불교사회연구소, 『종단의 미래 설계에 위한 여론조사 결과보고서』, 대한불교조계종 백년대계본부 불교사회연구소, 2020.

데이비드 월러스 웰스, 김재경 역, 『2050 거주불능 지구』, 추수밭, 2020.

로버트 벨라, 박영신 역, 『사회 변동의 사회구조』, 삼영사, 1981.

문빛·이유나, "Public Relations 윤리에 대한 소고: 유교의 인仁, 화和, 중용中庸 개념의 탐색과 적용." 『영상문화콘텐츠연구』 4, 2011.

문정환, "니클라스 루만의 기능적 분화론의 관점에서 본 종교 참여." 『종교와 사회』 2(1), 2010.

문화관광부, 『2019년 한국인의 의식·가치관 조사 결사보고서』, 문화관광부, 2019.

미셸린 이샤이, 조효제 역, 『세계인권사상사』, 길, 2005.

미야사까 유쇼, 편집부 역, 『불교에서 본 경제 사상』, 여래, 2013.

박권일, "한국의 능력주의 인식과 특징." 『시민과 세계』 38, 2021.

박문수·유승무·이상철, "코로나 이후, 종교의 길을 묻다." 『가톨릭평론』 (27), 2020.

박병기, "코로나19' 상황에서의 종교의 의미와 역할: 불교윤리적 관점을 중심으로." 『불교와 사회』 12(2), 2020.

박성호, "『중용』의 중사상 연구." 성균관대 석사학위논문, 2012.

박소정, "연기를 통해서 본 인과 확장론." 고려대장경연구소편, 『공과 연기의 현대적 조명』, 고려대대장경연구소, 1999.

박수민, "플랫폼 배달 경제를 뒷받침하는 즉시성의 문화와 그림자 노동." 『경제와 사회』(130), 2021.

박순일, 2020, "'사회'는 코로나-19에 대처할 수 있는가?: 사회의 가능성과 변화에 대한 관찰." 『공간과 사회』 30(3).

박준, "한국 사회갈등 현주소." 『제2차 국민대통협 심포지엄』, 전국경제인연합회, 2013.

박태원, "붓다의 연기법과 불교의 연기설: 연기해석학들에 대한 의문." 『철학논총』 82, 2015.

백경화·하은아, "협력적 소비 플랫폼의 정보공유 형태에 관한 연구." 『한국과학예술융합학회』 35, 한국전시산업융합연구원, 2018.

백승호, "기본소득, 복지국가의 새로운 실험." 여유진 외, 『한국형 복지모형 구축 - 복지환경의 변화와 대안적 복지제도 연구』, 한국보건사회연구원, 2017.

백승호·이승윤, "기본소득 논쟁 제대로 하기." 『한국사회정책』 25(3), 2018.

변순용, 『삶의 실천윤리적 물음들』, 울력, 2014.

보건복지부, 『2021년 사회적 거리두기 체계 개편[전체본]』(보도자료: 2021.06.29.)

보건복지부·한국생명존중희망재단, 『2021 자살예방백서』, 보건복지부, 2021.

서영조, "니클라스 루만의 윤리학 비판과 도덕의 기능분석." 『현상과 인식』 24(3), 2000.

_____, "루만의 사회학적 도덕이론과 그 도덕 철학적 의미." 『한국사회학』 36(5),

2002.

서울대학교 의과대학, 『2018 자살 실태조사』, 2019.

서정희·노호창, "기본소득법률안에 대한 비판적 고찰." 『사회보장법학』 9(2), 2020.

서정희·백승호, "제4차 산업혁명 시대의 사회보장 개혁: 플랫폼 노동에서의 사용종
　　속관계와 기본소득." 『법과 사회』 (56), 2017.

석재은, "기본소득에 관한 다양한 제안의 평가와 과도기적 기본소득의 제안: 청장년
　　근로시민 기본소득 이용권." 『보건사회연구』 38(2), 2018.

성철, 『백일법문百日法門』, 장경각, 1992.

송천은, "원시불교의 중도사상: 유교의 중용과 대비하여." 『(원광대학)논문집』
　　9, 1976.

송희경, "중도사상의 교육적 의미." 공주대 석사학위논문, 2002.

신중섭, "공정과 능력주의에 대한 비판적 분석." 『철학연구』 159, 2021.

심광현, "맑스의 관점에서 본 기본소득과 대안사회로의 이행의 과제." 『시대와
　　철학』 26(2), 2015.

아렌트(Arendt, H.), 이진우 역, 『인간의 조건』, 한길사, 2021[제2개정판].

안옥선, "불교의 상호존중과 포용성." 『철학』 63, 2000.

_____, "불교의 '인권': 성립, 옹호, 실현." 『용봉인문논총』 30, 2001.

_____, "개인주의적 인권에 대한 불교적 비판." 『철학논총』 28, 2002.

_____, "불교윤리에 있어서 자기애와 타자애의 상호적 실천." 『철학』 76, 2003.

_____, 『불교와 인권』, 불교시대사, 2008.

양재진, "기본소득은 미래 사회보장의 대안인가?" 『한국사회정책』 25(1), 2018.

연기영, "불교 전통과 인권의 제문제." 『계간 사상』 (31), 사회과학원, 1996.

오노 신지, 박경준·이영근 역, 『불교사회 경제학』, 불교시대사, 1992.

오세근, "다산 정약용의 '토지론'에서 기본소득의 지층을 사유하다." 『사회사상과
　　문화』 21(4), 2018.

오영달, "인권과 민주주의에 대한 로크와 루소 사상의 비교 고찰과 북한 인권."
　　『유라시아 연구』 6(4), 2009.

오혜경, "사회복지실천의 가치와 윤리에 관한 연구." 『사회복지리뷰』 9, 2004.

우희종, "복잡계 이론으로 본 생명과 깨달음의 구조." 『한국정신과학학회지』 11(2),

2007.

원혜영, "공동체를 위한 네 가지 항목 - 초기 열반경에서 찬나 범단법의 의의." 『인도철학』 19, 2005.

유동철·박재홍, "사회복지윤리와 철학 교과목에서 가치의 재설정 - 규범윤리학에서 메타윤리학으로의 전환제고-." 『한국사회복지교육』 32, 2015.

유민상·최정원·이수정·장혜림, 『청소년·청년 디지털 플랫폼노동 실태 및 대응방안 연구』, 한국청소년정책연구원, 2020.

유범상, "불평등에 대한 대응과 사회복지: 코로나19와 재난기본소득을 통해 본 복지정책의 방향", 『생명연구』 57, 2020.

유승무, 『불교사회학: 불교와 사회의 연기법적 접근을 위하여』, 박종철출판사, 2010.

_____, "COVID-19, 종교, 그리고 '코로나 이후' 사회: 종교를 배태한 의료사회적 접근." 『불교와 사회』 12(1), 2020.

_____, "승가형 기본소득제 시론." 『제4회 녹색불교포럼 기본소득과 불교』, 2017.

유승무·박수호, "동양사회사상적 사회변동이론 시론 - 인간적·사회적 마음 구성체의 변동을 중심으로-." 『한국학논집』 81, 2020.

유태한, "사회정의론에 기반한 사회복지철학이론의 탐색: 롤스와 센델 비교." 『사회복지정책』 46(2), 2019.

윤종갑, "불교의 연기론적 생명관과 복잡계 이론 - 실체에서 관계로, 관계에서 생성으로-." 『동아시아불교문화』 6, 2010.

윤홍식, "기본소득, 복지국가의 대안이 될 수 있을까? - 기초연금, 사회수당, 그리고 기본소득." 『비판사회정책』 (54), 2017.

이도흠, "불교의 공공성, 이론과 실제-1." 『월간 공공정책』 (110), 2014.

이동원·정갑영·채승병·한준, 『제3의 자본』, 삼성경제연구소, 2009.

이명호, "공동체 모델로서 승가공동체의 적용 가능성에 대한 탐색적 고찰." 『한국학논집』 64, 2016.

_____, "불교의 공익활동: 현황과 한계, 그리고 미래." 『NGO연구』 13(1), 2018.

_____, "종교지형과 가족의례의 변화, 그리고 가족." 『한국학논집』 81, 2020.

이상은, "중화개념의 형성과 그 미학적 의의." 『동양문화연구』 6, 2010.

이상이, "기본소득에 대한 반론을 제기한다." 〈프레시안〉 2017.02.28.

이수미, "불성의 중도적 의미-『불성론』을 중심으로-."『철학연구』2, 2000.

이수연, "공정채용 실태와 현안과제."『노동법논총』52, 2021.

이수진·강현아·남길임, "코로나-19 신어의 수집과 사용 양상 연구: 주제 특정적 신어의 수집과 사용에 대한 고찰."『한국사전학』36, 2020.

이윤수, "4차 산업혁명의 과학기술을 적용하는 사회복지실천에서의 윤리와 가치."『한국사회복지학회 학술대회 자료집』, 2018.

이자랑, "초기불교승가의 소유와 분배-빨리율을 중심으로."『불교학연구』(33), 2012.

_____, "율장의 근본이념에 입각한 조계종 청규제정의 방향."『대각사상』19, 2013.

이재창, "불교의 사회·경제관."『불교학보』10, 1973.

이정전, 『토지경제학』, 박영사, 2015.

이정환, "주희 철학에서의 개인과 집단: 목적과 규범, 그리고 인간에 대한 이해."『아세아연구』53(2), 2010.

이종임·박진우·이선민, "청년 세대의 분노와 혐오 표현의 탄생: 온라인 커뮤니티 〈에브리타임〉의 '혐오-언어' 표현 실태분석을 중심으로."『방송과 커뮤니케이션』22(2), 2021.

이지형, "에브리타임, 정말 모두를 위한 공간인가 -'에타'를 설명하는 두 가지 키워드."『중앙문화』(76), 2019.

이찬훈, "불교의 깨달음과 그 구현-최근 한국불교계의 깨달음 논쟁을 중심으로-."『동아시아불교문화』27, 2016.

이철, "기능 분화 사회의 도덕 연구를 위한 윤리학과 도덕 사회학: 니클라스 루만의 사회학적 도덕 이론을 중심으로."『한국사회학』45(4), 2011.

이치억, "『중용』의 중사상 연구." 성균관대 석사학위논문, 2004.

이혜정, "교육 공정에 대한 미디어 담론 분석: '숙명여고 사태'를 중심으로."『아시아교육연구』20(3), 2019.

이화연·윤순진, "밀양 고압 송전선로 건설 갈등에 대한 일간지 보도 분석."『경제와 사회』(98), 2013.

장은주, "'형성적 기억'으로서의 민주시민교육: 한국 민주시민교육의 기본 방향과 초점." 『한국학논집』 67, 2017.

장인기, "플랫폼 노동이란 무엇인가?" 『정세와 노동』 (169), 2021.

장춘익, "도덕의 반성이론으로서의 윤리학: 루만의 도덕이론에 대하여." 『사회와 철학』 (24), 2012.

전명수, 『좋은 사회로 가는 길: 종교·시민사회·공공성』, 집문당, 2018.

정수남, "거리 위의 프레카리아트: 배달앱 노동자의 삶과 실천감각." 『OUGHTOPI A』 35(2), 2020.

정영선, "아시아적 인권과 문화적 상대주의." 한국인권재단 편, 『일상의 억압과 소수자의 인권』, 사람생각, 2000.

정진화, "존 롤스의 분배정의론과 한국적 적용에 대한 연구." 『한국정치학회보』 50(2), 2016.

정해정, "'깨달음'의 수행과 심신치유-깨달음의 논쟁을 중심으로-." 『한국불교학』 81, 2017.

정홍준·송민수·남궁준·김가람·남선우, 『배달업 종사자 현황 실태파악 및 보호방안 연구』, 고용노동부, 2019.

조광현, "시스템 생물학: 생체네트워크의 동역학에 대한 새로운 고찰." 『전기의 세계』 59(3), 2010.

조문영, "한국사회 코로나 불평등의 위계." 『황해문화』 (108), 2020.

조애너 메이시, 이중표 역, 『붓다의 연기법과 인공지능』, 불광출판사, 2020.

조윤호, "화엄의 세계와 사이버 세계의 구조 비교." 『불교평론』 3(4), 2001.

조정인, "소득분배의 불평등과 기회 불평등 인식이 한국인들의 재분배정책 선호에 끼치는 영향력." 『정치정보연구』 17(2), 2014.

조준호, "불교인권의 세계관적 기초: 초기불교를 중심으로." 『남아시아연구』 14(1), 2008.

지율, 『지율, 숲에서 나오다』, 숲, 2004.

최상진·김기범·강오순·김지영, "한국문화에서 대인관계 신뢰-불신의 기반과 심리적 기능에 대한 문화심리학적 분석." 『한국심리학회지: 사회문제』 (11), 2005.

최상진·김의철·김기범, "한국사회에서의 대인관계속의 신뢰와 불신의 기반으로서의 마음에 대한 문화심리학적 접근." 『한국심리학회지: 사회문제』 9(2), 2003.

최유숙, "대학생 커뮤니티의 혐오표현 양상: C 대학 에브리타임 핫게시물을 중심으로." 『교양학연구』 (10), 2019.

최일구, "유교의 중용사상과 불교의 중도사상에 관한 연구 - 자사의 『중용』과 용수의 『중론』을 중심으로." 성균관대 박사학위논문, 1991.

최종석, "연기와 공의 종교 신학적 이해에 대한 고찰." 고려대장경연구소편, 『공과 연기의 현대적 조명』, 고려대대장경연구소, 1999.

최종숙, "'20대 남성 현상' 다시 보기: 20대와 3040세대의 이념성향과 젠더의식 비교를 중심으로." 『경제와 사회』 (125), 2020.

피터 싱어, 황경식·김성동 역, 『실천윤리학』, 연암서가, 2013.

한규석, "한국인의 공과 사의 영역: 공정과 인정의 갈등." 『한국심리학회지: 사회문제』 6(2), 2000.

홍사성, "깨달음에 대한 몇 가지 오해, 그리고 진실." 『대각사상』 11, 2008.

홍선미, "사회복지실천의 가치지향 분석: 미국의 사회복지역사를 중심으로." 『비판 사회정책』 (31), 2011.

Alfred North Whitehead(1967), Science and the Modern World, New York: Free Press.

_____(1999), Religion in the Making, New York: Fordham Univ. Press.

Claudio Baraldi·Giancarlo Corsi·Elena Espositod. Katherine Walker. translated(2021), Unlocking Luhmann: A Keyword Introduction to Systems Theory. Bielefeld University Press

Hans-George Moeller, 2011. The Radical Luhmann, New York: Columbia Univ. Press,

Hans-George Moeller, The Radical Luhmann, New York: Columbia Univ. Press, 2011.

Howard Becker, 1957, Current Sacred-secular Theory and Its Development, Howard Becker·Alvin Boskoff, Modern Sociological Theory in Continuity and Change,

New York Press

ICNL,"Covid-19CivicFreedomTracker,"(www.icnl.org/covid19tracker; 검색일 2021. 5.18.). 2021.

Kim, K., & Kim, U. 1997, Conflict, ingroup and outgroup distinction and mediation: Comparison of Korean and American students. In K. Leung, U. Kim, S. Yamaguchi, Y. Kashima(eds.), Progress in Asian social psychology . Vol. 1., New York: J. Wiley

Locke, John., 남영태(2012), 『시민정부』, 파주: 효형출판(The Second Treaties: An Eassay Concerning the True Original, Extent, and End of Civil Government)

OECD, "Evaluating the initial impact of COVID-19 containment measures on eco-nomic activity,"(www.oecd.org/coronavirus/policy-responses/evaluating-the -initial-impact-of-covid-19-containment-measures-on-economic-activity-b1f6b6 8b; 검색일 2010.6.2.)2020.

Pew Research Center, "More than nine-in-ten people worldwide live in countries with travel restrictions amid COVID-19.", 2020. (www.pewresearch.org/fact -tank/2020/04/01/more-than-nine-in-ten-people-worldwide-live-in-countries- with-travel-restrictions-amid-covid-19; 검색일: 2021.06.10.)

Simon, H. A. 2001. "UBI and the Flat Tax." in P. Van Parijs (ed.) What's Wrong with a Free Lunch?Beacon Press.

United Nations. "COVID-19: States should not abuse emergency measures to suppress human rights." 2020, (www.ohchr.org/EN/NewsEvents/Pages/Dis playNews.aspx?NewsID=25722; 검색일: 2021.06.10.)

Van Parijs, P. 2016. 조현진 역, 『모두에게 실질적 자유를: 기본소득에 대한 철학적 옹호』, 후마니타스.

WHO, COVID-19 Strategy Update,Geneva: Switzerland, 2020.

〈세계일보〉(2021.09.27.), 「오토바이 피해 사례글 등장에 '배달 노조 VS 송도 아파트' 갈등 심화」

〈소셜포커스〉(2020.07.20.), 「도로교통법 사각지대에 놓인 아파트 단지 내 교통사고」

〈아시아경제〉(2021.10.04.), 「'지상 출입 금지 아파트' … 배달 노동자-입주민갈등
  반복 … 대책은」

〈한겨레〉(2014.04.01.), 「권리들끼리 싸우면 누가 이기나」

〈연합뉴스〉(2021.3.25.), 「서울 여성 22% "코로나19 재택근무로 임금감소」.

〈뉴스펭귄〉(2020.11.23.), 「G20 정상 모인 자리에서 트럼프 미국 대통령이 한
  말」.

〈디지털타임즈〉(2021.02.21.), 「취임 첫날 트럼프 지우기 나선 바이든, 파리기후협
  약 복귀」.

『한국경제』 2020. 04. 05.

Daum 백과사전

위키백과

한국원자력연구소 「방사성 폐기물의 발생과 관리」

(www.kaeri.re.kr/board?menuId=MENU00464; 최종수정일 2021.03.22)

SAT Database(https://21dzk.l.u-tokyo.ac.jp/SAT/)

찾아보기

이명호

한양대에서 사회학 박사학위를, 동신대에서 사회복지학 박사학위를 취득하였다. 사회학 박사학위 논문을 작성할 때 스님들의 시민사회단체였던 '청정승가를 위한 대중결사'에서 사무국장으로 활동하였다. 이때의 경험은 아직도 삶의 지표이자 방향, 자산으로 큰 영향을 주고 있다. 현재 중앙승가대에서 포교사회학과 불교사회복지학을 강의하고 있으며, 경희대 종교시민문화연구소에서 연구활동을 이어가고 있다. 한국사회를 '종교'와 '공동체', '관계'를 키워드로 설명하고자 하며, 최근의 사회문제를 '생태문명으로의 전환'이라는 관점에서 탐구하고 있다.

저서로는 『노년의 편안한 임종을 관찰하다』, 『현대사회의 위기와 동양사회사상』(공저), 『현대사회와 베버패러다임』(공저) 등이 있고, 논문으로는 「공동체의 위기와 복원에 대한 탐색적 연구」, 「공감의 구조변동, 관계지향적 삶의 실천으로」, 「코로나19 이전/이후, 사회의 재구조화 가능성」 등이 있다.

이메일 dubiouslife@hanmail.net

문명전환과 불교의 응답

초판 1쇄 인쇄 2022년 5월 21일 | 초판 1쇄 발행 2022년 5월 30일
지은이 이명호 | 펴낸이 김시열
펴낸곳 도서출판 운주사

(02832) 서울시 성북구 동소문로 67-1 성심빌딩 3층
전화 (02) 926-8361 | 팩스 0505-115-8361
ISBN 978-89-5746-692-6 93220 값 17,000원
http://cafe.daum.net/unjubooks 〈다음카페: 도서출판 운주사〉